# 宗教2世サバイバルガイド

ぼくたちが自分の人生を生きるためにできること

正木伸城

ダイヤモンド社

# はじめに

みなさん、こんにちは。正木伸城《まさきのぶしろ》です。

本書を手にとっていただきありがとうございます。


この本は、あなたのためのサバイバル処世術ガイドです。

ぼくが宗教2世として、しがらみや困難を乗り越えるなかで得た、ありったけの知見をここに込めました。


みなさんは、宗教2世というと、どのようなイメージを抱くでしょうか。

2022年に統一教会問題が注目を集め、宗教2世の被害が広く知られるようになりました。なかには、虐待と受けとれるものもあります。

そうした環境で、いまも昔も、少なからぬ宗教2世が苦しみを抱いてきました。

そのため、宗教2世は現在、「かわいそうな人」だったり、好奇の目で見られる傾向にあります。


ぼくは、そのような人の気持ちを少しでも軽くし、彼ら・彼女らが将来にたいして、より多彩な可能性を抱けるようにと願っています。

宗教2世のなかには、教団や親の影響で自分の未来を制限されている人がいます。一般家庭ではあり得ない苦労をしている人もいます。

ぼくの経験でいえば、こんなことがあげられます。

・信仰活動の影響で親から厳しい躾《しつけ》を受けた
・一般社会と教団の価値観のズレに苦悩した
・信仰が原因で友人関係に摩擦《まさつ》が生まれ、失恋も体験した
・進学先の制限や転職の困難に直面した
・信仰上のことで気をもんでうつ病を発症した
・教団の理想と組織の現実との間で葛藤《かっとう》にさいなまれた
・信仰をめぐって親と大喧嘩《おおげんか》した

正直、けっこう悩んできました。

自分の人生や出自を100万回くらい呪《のろ》ったと思います。

とくにぼくは、大学卒業後は新卒で宗教団体の職員となり、約13年間そこで働きました。そのため、宗教団体をやめて転職すること、またキャリアアップをしていくことが文字どおりの「死闘《しとう》」になりました。

でも、いまは好きな自分で、好きなことをして生きています。宗教2世のサバイバル術が活きたのです。

ぼくは、信仰活動も手放しました。

読者のみなさんには、そんなぼくの人生、宗教2世の生きづらさに苦しんだ数々のエピソードと、そこで編み出した生存戦略から、いま・ここをうまく生き延びるヒントをくみとっていただけたらうれしいです。

ここで、お断りをさせてください。

ぼくは所属教団を代表する人間ではありません。本書でしるす経験が、教団の内実すべてを表すわけではありません。

本書に出てくる話は、基本、ぼくという信者の一事例です。おなじ宗教2世であっても、体験や感情は個人によって異なります。ここは押さえておいてください。

また、各章に出てくる話に凄惨《せいさん》さを感じたからといって、「だから、この教団は悪だ！」と断定してしまうのも、道理として違っていると思います。

ぼくには、「信仰から離れましょう」「脱会しましょう」というように、読者のみなさんを特定の進路にみちびきたいという意図もありません。

宗教2世といっても状況はいろいろです。ドロップアウトが正解とはかぎりません。

生き方は、多彩であっていい。


くわえて、本書でまとめたぼくのサバイバル術は、決して〝万能薬〟ではありません。

宗教2世の読者のなかには、本書を読んで「そう簡単にはいかないよ……」と感じる人もいるでしょう。

宗教2世の苦しみには、容易に解消されないものがあります。ハウツーではどうにもならない、一筋縄ではいかないものもある。ぼくも、そのことは自覚しています。

それでも、なにもいわないよりは発信したほうがいいと思って筆を執《と》りました。

ぼくの願いは、ただただ宗教2世の人々が、おのおのの事情に即して、自分にとって最適な道を歩んでほしいということ、それだけです。

みずからの人生を、みずからの手でハンドリングしてほしい。

もしもあなたが、教団や親などが「よし」とする人生に合わせて無理をして生きているのだとしたら、一度立ち止まって考えてみることも大切かもしれません。

**あなたの人生は、教団のものでも、親のものでもなく、あなたのものです。**

**あなたは、あなたの本音で生きていい。**

この書籍がそのきっかけになれば幸いです。

前置きはこれくらいにして、本題に入りましょう。

終章でみなさんと再会できるのを、楽しみにしています。

# もくじ

# 2・1 親子関係編

## 2・2 恋愛、友人関係 編

## 2・5 信仰活動離脱後編

# 3　自分の人生を歩めるようになるまで

# 1

# 教団の
# “ロイヤルファミリー”
# に生まれた
# ぼくの人生遍歴

部屋のむこう側で、母が仏壇にむかって正座をしている。ぼくは布団のなか。

部屋は、暗い。

母は「南無妙法蓮華経《なんみょうほうれんげきょう》」という言葉をくり返し、唱えている。

ロウソクの炎だけがわずかな明かりで、それがゆらゆら揺れるたびに、母の背中も揺れて見える。その姿は、神々《こうごう》しく感じられた。

ぼくは、安心して眠りについた——。

## ぼくの名付け親は池田大作《いけだだいさく》

これは、ぼくが所属する宗教にまつわる、もっとも古い記憶。

ぼくは、創価学会（仏教系の新宗教団体。新宗教とは新興宗教のこと）の2世です。

この世に生を受けたのは1981年11月で、学会に入会したのはその2カ月後でした。

まだ、なんの判断能力ももたない時期に学会員になったので、気がつくと「学会っ子（学会の未来を担う子）」として過ごしていました。

そんなぼくは、名を「伸城《のぶしろ》」といいます。「めずらしいな」と思った人もいらっしゃるかもしれません。

なにを隠そうこの名前は、学会員が「永遠の師匠」と慕う指導者・池田大作氏につけてもらったもの。

池田氏のペンネームは「山本伸一」で、その「伸」の一字と、池田氏の恩師・戸田城聖《とだじょうせい》氏（故人）の「城」の一字を組み合わせてつくられたのが、「伸城」という名になります。

幼いころからぼくは、周囲にこういわれて育ってきました。

「この名前に恥じない生きかたをしろ」

「『伸城』の名は、戸田先生と池田先生、師と弟子の関係を象徴するものだ。学会を担う人材として育つんだぞ」

この叱咤《しった》、しびれます。いま思い返しても、なぜか手足がしびれます。

だれがぼくの命名を池田氏に依頼したのか？

ぼくの父です。

じつは、ぼくの父はけっこうな有名人で、学会の理事長、つまり組織運営上の実質的なナンバー2を務めていました（2015年に退任）。

それ以前も、学会の全国幹部を若いころから歴任。

そんな父が学会内で勢いを見せはじめたころにぼくが誕生し、「伸城」という名付けがなされました。

また、ぼくの母も地域トップクラスの幹部として活躍していました。

そのため、わが家は宗教的な〝ロイヤルファミリー〟だと、まわりからいわれることになります。

ぼく自身はそれを否定しましたが、特別視されることが多かったのも事実です。

こう書くと「さぞかしチヤホヤされてきたのだろう」と思われがちですが、そういう面があることは否《いな》めないものの、大幹部の息子には息子なりのつらさがあります。

いつなんどきも期待の目にさらされつづけたことは、精神的にこたえました。

それが原因でしょうか。

ぼくは年齢があがるにつれて、人格がすれていきました。

## 創価大学へ進学、そして信仰に目覚める

とはいえ、「すれる」といっても、子ども時代の話。両親にさからいつづけることはできません。

いつ志願したのかは覚えていないのですが、ぼくは、気がつけば創価中学を受験することになっていました。

創価中学・高校をふくめた創価学園は、学会員の子弟にとってあこがれの世界。

小学生時代を公立の学校で過ごしたぼくは、受験戦争に身を投じました。

そして首尾よく合格。創価学園での生活がはじまり、その後は創価中学から創価高校へ、エスカレーター式に進学します。

ただ、創価大学に進むことには、中学受験のころとおなじように「このまま行こう！」とは思えませんでした。創価学会の信仰にたいするぼくの反発がピークに達したからです。

ところが、ここで父の説得にあいます。

結局ぼくは、妥協して創価大学に進学。そこで信仰に熱心な多くの先輩に説得され、創価学会の活動、いわゆる「学会活動」に巻きこまれていきます。

すると人間とは不思議なもので、あれだけ嫌いだった信心《しんじん》にのめりこんでいったのです。学会活動に目覚めたのは19歳になる年でした。

その1年後には、学会員が集まる会合の最前線でみんなを鼓舞《こぶ》し、小さな規模のリーダーではありますが、組織で指揮を執るようになっていました。布教活動にも没頭します。

大学3年、4年になるにつれて、創価大学内でも中心的な存在になっていきます。

ぼくは創価大学の30期生ですが、その30期生の幹事にも就任し、大勢の前で指導的な話をする機会も急増していきました（偉そうで申し訳ないかぎり）。

当時のぼくの気概は、「広宣流布《こうせんるふ》は俺がやる！」という隆々《りゅうりゅう》たるもの。

「広宣流布」とは、創価学会でいう「世界平和」のような意味をもつ言葉です。教えが広まる（流布する）ことで実現される平和な状態を指す単語だと、ここでは理解してください。

その達成を「俺がやる！」と豪語《ごうご》していたのです。若気《わかげ》の至りとはいえ、強力な志を抱いていました。

このころ、大学で中心的な存在になっていたこともあって、指導者・池田氏にひんぱんに会う機会にもめぐまれます。そのたびに「先生！　見ていてください！　ぼくは先生にご安心していただける弟子になります！」と心のなかで宣言していました。

## 学会本部に就職、仕事や病気の悩みに直面

大学3年、就職活動の時期のことです。ここから、新たな人生の展開がはじまります。

結論を先にいえば、ぼくは創価学会本部に就職します。

ですが、それを決断する過程において、ひと悶着《もんちゃく》がありました。

ぼくは、自身の進路を「NASDA（宇宙開発事業団。現・JAXA〈宇宙航空研究開発機構〉の前身となる一機関）」にすると決めていたのです。ぼくは大学で、宇宙開発系の学問を専攻していました。

では、なぜ本部職員になると決めたのか？

先輩からの説得にあったのが、その理由といえます（また説得……）。

もちろん、いざ創価学会本部に進むと決めたら、「しぶしぶ行きます」というわけにはいきません。

そう思ったぼくは、唱題《しょうだい》（「南無妙法蓮華経」を唱える祈り）を何時間も何時間も、何日も何日も実践して気持ちを整理し、「広宣流布のために」と心を定めて、教団本部に入ることを納得させました。

そして2004年4月、創価学会本部へ。聖教新聞社の記者になります。「聖教新聞」とは、創価学会の機関紙です。

ぼくは記者として、全国で活躍する学会員、人生の困難に立ちむかう信心一徹のメンバー、有識者、芸能人などを取材してまわり、それを記事にしていきました。

途中からは、創価学会の教義を聖教新聞紙上で解説する専門部署に異動し、そこで教えの記事を発信するようにもなります。仏教学も、このときにめちゃくちゃ勉強しました。

燃えさかる使命感は、相当なものだったと思います。

ただし、本部職員としてのキャリアは順風満帆《じゅんぷうまんぱん》ではありませんでした。

病気がぼくを襲ったのです。

症状名は、うつ病、パニック障害、不安神経症、そして離人症。精神疾患がきわまり、精神病棟に入院したこともあります。休職もくり返しました。本部職員生活のほとんどは、うつ病と共存する日々でした。

電車に乗るだけでも動悸《どうき》と吐き気で卒倒しそうになる。取材前には緊張で手足がガタガタふるえて止まらない。思考も停止気味になることがしばしば。気分が沈んでうつぶしているときに大声をあげて自分を奮《ふる》い立たせ、職場にむかったことも、何度もありました。

## 組織への違和感が募り、心が引き裂かれる

ぼくがうつ病になった原因は明らかで、創価学会の組織文化が合わなかったのです。それはじつは、学生時代から感じていたことでもあります。

これはぼくの意見ですが、創価学会の組織には膨大な課題があります。それに十分な対応をしないがゆえに、学会員のなかには、不本意な行為に巻きこまれたり、心を傷つけられたり、立場を排除される人が出ていました。

本書の第2部では創価学会の「成果主義」にかんする話題が出てきます。布教をはじめ、さまざまな項目一つひとつに達成をもとめられ、その達成数を追いかけるように組織に仕向けられることがあったのです。

そして、学会活動の現場が数字、数字、数字となる。

すると、本来であれば相手の幸福のために行われる布教が、一部では数字のために雑に行われるようになります。ほとんど押しつけ的に、強引に布教をしてしまう人が出てくるわけです。

それで友情が破綻《はたん》するというケースを目にし、ぼくは心を痛めてきました。

なかには、数字を追わなければいけないという強迫観念から、精神的に病んでしまう人もいました。

これが成果主義の弊害の一つで、ぼくの知る創価学会の組織課題の一つです。

こうした成果主義をはじめ、「自分には合わない」と感じられる創価学会の組織文化がけっこうありました。

ぼくは、「合わない」と思ってしまう自分に苦悩し、「清浄な団体である創価学会に心身が合わないなんて、自分はおかしいのではないか」と自責の念を感じつづけました。

一方で、組織について「ここは変えたい」「ここは改善点だよね」といった具合に課題として認識したことは、学生時代からメモにまとめていました。

その項目数は、300を超えます。

ぼくは組織に適応できない自分を恥じつつ、問題意識も抱いていたのです。

学生のころからそんな感じだったため、NASDAの夢を捨てて創価学会の職員になると決めた際には、「学会をこのままにしておくわけにはいかない！　俺が改革する！」と誓いました。……気負いが、ハンパないですね。

学会本部のなかで見聞きしたことは、多岐にわたります。おそらく多くの本部職員は、それに適応していったはずです。

でも、ぼくは変わっているからか、次第に組織への違和感を募らせていきました。

宗教活動の現場で、現今の宗教2世が告発しているような被害や、宗教由来の虐待を受けた過去をもつ人などに出会い、そういった〝被害者〟を助ける経験もありました。

たとえば、成果主義に追われて倒れた人などから、「学会の行き過ぎた成果主義、どうにかなりませんか？」と相談を受けたりしたのです。

その過程で募ったのも、やはり違和感でした。創価学会の信心をすることでかえって苦しみ、不幸せになっている学会員がいるのは、なぜだろう。

本来であれば、本部職員であるぼくが、そういった学会員を励まし、幸せにむけて手をたずさえて立ち上がるべきだったのでしょう。

でも、ぼくの力にはかぎりがあります。うまく支えられません。

悔やむばかりの日々でした。こうして、ぼくの心は引き裂かれていきます。

## 急速に冷めていった信仰熱

しかし、創価学会本部に入るときに誓ったことを、ぼくは忘れませんでした。

「学会をこのままにしておくわけにはいかない！　俺が改革する！」

そして、あの手この手で、創価学会の改革に挑戦しました。

自分の父親が理事長（当時）であることを使わない手はありません。

父への直談判はもとより、父の縁によって人脈をたどりやすい境遇にいたことを活かして、学会の副会長をはじめ、なみいる幹部たちと対話をしました。創価学会の改革案をレポート化し、心ある人に提出しました。

まだうつ病が癒《い》えていなかったころで、奔走《ほんそう》は死に物狂いです。

しかし、結果として改革は挫折。

当然でしょう。ぼくは巨大組織のなかの一歯車、いわば〝平社員〟に過ぎません。

それなのに、「改革はできる」と信じていたのです。とんだ甘ちゃんだったと思います。

べつのかたちでも、ジレンマを抱えることになります。

創価学会が支持母体となっている公明党を、心から応援できなくなったのです。公明党の政局的なふるまいや政策などに手放しでは賛同できない。

「どうしたら？」と葛藤しました。悩みました。

そのすえに、ぼくは疲労困憊《ひろうこんぱい》していきました。

組織文化が合わない。違和感も多い。公明党も支援できない。

でも、本部職員のままでいると、組織のなかではどうしても指導的な立場になってしまう。多くの学会員に公明党のすばらしさを語り、支援をうながさなければならなくなる。

心から推《お》すことができない公明党を、多くの人に勧めるとしたら？

自分で自分に嘘をつくことになる。みんなにも嘘をつくことになる。

ぼくは、それが耐えられませんでした。

そこで、創価学会本部をやめることにしました。

## 好きなことで生きていく、いまの自分へ

問題はここからです。

本部職員を「やめる」という行為は、学会員にとってはとんでもない負の記号です。

一部の学会員は、創価学会本部をやめたというだけで、「あいつは退転《たいてん》した！」ととらえます。ちなみに「退転」とは、最悪に落ちぶれたとか、反逆をイメージさせる単語です。

ぼくが「学会本部をやめたい」といいだしたところ、両親や妻、親族、相談相手になっ

てもらっていた友だちから、大反対を受けました。

とくに父親とのケンカはつらかった。怒号が飛び交ったことも何度かあります。

きりきりと痛む、胃。謎の発熱も1年以上つづきました。

みんなの説得にかかった期間は、約1年になります。

それを経て、やっと、本部を退職することができました。２０１７年2月のことです。

本部に勤めた期間は、約13年間でした。


その後、案の定、見ず知らずの学会員や創価学園の同級生などから「あいつは金銭トラブルを起こしたらしい」「異性問題で懲戒解雇《ちょうかいかいこ》されたらしい」といった、根も葉もない噂を流されます。

「そんな噂が流れること自体、正木（ぼく）がいかに信頼されてこなかったかを物語っているよね」といった評判も広められました。悔しかったです。

しかも、転職は至難でした。

なにせ、現職は創価学会本部。やっていたことといえば、創価学会の教義をわかりやすく解説すること。

そのスキルだけを武器に民間企業へ転職しようとすることが、いかに〝無理ゲー〟なのかは、みなさんにもご理解いただけると思います。

しかし、縁あってIT企業への転職が叶《かな》い、そこで成果を出すことにも成功。

そののちは、2社のキャリアアップをかさね、現在はマーケティング・広報PRの分野でいろいろな会社の事業支援を行いつつ、文筆活動をぞんぶんに展開できるようになりました。

この過程で活きたのが、やはり宗教2世のサバイバル術でした。

## 宗教2世の処世術をみなさんに伝えたい

こうしたぼくの人生遍歴を押さえていただいたうえで、本書の第2部からは、ぼくの宗教2世サバイバル術の具体的な話にふれていきます。

話題は、多岐にわたります。

親子関係、友人関係、恋愛、進学、就職、信仰活動を手放す前と後の生き方など――。

ぼく自身、けっこう大変な思いをしてきましたが、その苦労が結晶してこの本になっています。

**本書は、「被害を受けてきた」などと感じている宗教2世が、自分らしく、自分の人生を自分でハンドリングして生きられるようになるサバイバル術としてまとめたものです。**

あなたがもし苦労をしてきたのなら、苦労したぶん、幸福になる権利があります。

このあとめくっていく1ページ1ページが、あなたが自分らしく生きるための一歩につながることを、ぼくは願っています。

では早速、ぼくが培ってきた宗教2世のサバイバル術をお伝えします。

さあ、はじめましょう！

# 2

# こんなとき
# どうしたら？
# 宗教2世
# サバイバル

# 2・1

# 親子関係編

Q.

親に教えこまれてきた宗教儀式の習慣を大人になっても手放せません。

A.

「信仰実践の入れ替え」で手放してみましょう。

幼いころから親に教えこまれてきた宗教儀式、ありますよね。

第1部では、「南無妙法蓮華経《なんみょうほうれんげきょう》」のフレーズをくり返し唱える（唱題《しょうだい》）という創価学会の宗教実践の話をしました。「唱題」とは、創価学会の修行の基本です。

もう一つの修行の基本に「勤行《ごんぎょう》」があります。これは、朝と晩、一日に2回、仏教経典である「法華経《ほけきょう》」の一部を読みあげる儀式で、この基本のうえにさまざまな活動が成り立っています。長年つづけてきたこともあってか、大人になっても、これらはぼくの習慣になっていました。

ですが、いま現在、ぼくは勤行も唱題もしていません。

それらを手放した当初は、勤行をしないだけで歯磨きを怠ったような気持ち悪さを感じていました。

悪いことが起こるんじゃないか。罰《ばち》があたるんじゃないか。

そうやってビクビクしていました。

でも、これは慣れの問題。ぼくには罰などあたりません。

子どものころに教えこまれた長年の習慣を手放そうとすると、人は不安になります。とくに勤行や唱題は、「よいこと」で「意義がある」とずっと教わってきたので、しないことが悪いことのように感じられる。

でも、考えてみてほしいのです。世のなかのほとんどの人は勤行をしていません。その人たちは悪い状態にあるのでしょうか？

ない、ですよね。勤行をしなくても、マイナスになることはないのです。

もちろん、勤行や唱題に、宗教的な意義はあるでしょう。信仰をしてきたぼくにも、その一分《いちぶ》はわかります。

でも、その一方で大事にしたい、つぎのような考えもあります。

**「すぐれて価値あるもの」は、決して創価学会の〝専有物〟ではない、ということです。**

**世のなかには「勤行や唱題が最高に価値ある実践です!」という以外にも、べつのものに最高の価値を信じる世界があるのです。**

## 宗教よりもぼくがいま大切にしていること

いまのぼくのなかには、宗教ではありませんが、「聖なるもの」をもとめる気持ちがあります。

みなさんには経験があるでしょうか。

星空を見上げていて、ふと自分の存在の不思議さに気づく。寄せては返す波に手を浸したとき、まるで自分の体が地球に通じている気分になる。街に夕日が差しこんだ際に、家々が多彩に赤らんでいくのを見て、畏敬《いふ》の念を抱く。

そういった宇宙や自然がはらんでいる崇高《すうこう》さに心を奪われたとき、ぼくは「聖なるもの」という言葉を思い浮かべ、手を合わせ、祈りをささげます。

このように人を畏怖・崇敬《すうけい》させるものを「聖なるもの」とよぶなら、ぼくはそれを大切にしています。

**勤行や唱題から『聖なるもの』にたいする祈り」へ、ぼくは宗教的な実践の内容を変更しました。これを「信仰実践の入れ替え」とよんでいます。**

食べ物をいただくときの「いただきます」という言葉に、静かに丁寧に念をこめ、自身が生命の流転《るてん》・連環《れんかん》の一部として「生かされている」と感じて祈るのも、そういった実践といえるかもしれません。

当然ですが、信仰そのものを手放すという選択肢もあり得ます。

ぼくも、やがてはそうなるかも。だけど、現状は「聖なるもの」を感じたときに手を合わせています。もしかしたら、いきなり信仰を手放すより、こうしてワンクッションを挟んだほうが、メンタル的にラクなのかもしれません。

ぼくは、「信仰実践の入れ替え」によって勤行と唱題を手放しました。

## Q. 宗教がらみの〝親の躾《しつけ》〟にたいする恨みがいつまでたっても消えません。

## A. 「復讐《ふくしゅう》目標の再設定」で、親への恨みを手放しましょう。

これは、ぼくが生まれ育った地域の話ですが、たとえば、先にのべた勤行や唱題といった宗教儀式をさぼったり、創価学会の会合で悪ふざけなどをしたせいで、幼少期に厳しい躾を受けた創価学会の子どもが多くいました。

みんな、親に会合に連れていかれるけれど、子どもだからおとなしくしていることができずに騒いでしまう。すると、帰宅後に親から叱られるのです。

「真冬にベランダに2時間も放り出された」「食事を抜きにされた」「殴られた」「定規でひっぱたかれた」と証言する子もいました。

みんな、それを笑い合っていました。「ひでぇよな」って。ぼくも、母から受けた仕打ちを友だちに伝えて、笑いのネタにしました。

でも、こうした躾は、人によってはトラウマになります。それで、大人になってからも恨みから解放されず、苦しんでいる人もいる。

ぼくがうつ病になった原因の一つに、「創価学会をよくしようという強烈な責任感と、それが思うようにならない自責の念」があったのですが、そこに「躾の影響が見てとれる」と担当医はのべていました。ぼくは胸がうずきました。

一部の親たちはおそらく、宗教活動で多忙で、気持ちに余裕がなくて、そうした行為に走ったのだと思います。ある意味、親も悲劇のなかにいる。

でも同情の余地があるからといって、手放しで親をゆるすわけにもいきません。

ぼくは、過度な躾をした母と、そんな躾をせざるを得なくなるまで母を追いこんだ創価学会と、そこで幹部をしている父を恨みました。恨みまくりました。

とくにうつ病の期間は何年も、何万回も、恨み節をくり返しました（だからこそ、学会をよく変えようと思いました。そこには恨みの感情とともに、愛着と愛情もあったのです）。

でも、恨んだところで、なにかが進むことはありません。

いまから考えれば、ぼくは気持ちの整理がうまくできなかったのだと思います。

いまは、両親と仲良くしています。なぜそうなれたかといえば、時間がかかったとはいえ、やはり気持ちの整理ができたから。

この整理の仕方はおそらく、みなさんの役に立つでしょう。

## 親をゆるせるようになる気持ちの整理の方法

なにをしたかというと、「復讐目標の再設定」です。

精神科医のジュディス・ハーマンは、『心的外傷と回復』（みすず書房）のなかで、心に傷を受けた人は、しばしば加害者に「復讐幻想《ふくしゅうげんそう》」を抱くとのべています。

「復讐幻想」とは、加害者に報復をすれば、自分の心の傷を厄介払いできると想像することです。ぼくの恨み節もそれに近いかもしれません。

そこでハーマンは、こう指摘しています。

復讐幻想をいくらくり返しても、自身の苦悩は増すばかりで、しかも復讐は基本的に達成できないため、不満足感がきわめて強くなる。だから、復讐は負わされた傷のつぐないには決してならないし、傷を変えもしないのだ――。


この言葉にふれて、ぼくは恨むことを手放しました。

長く、長く恨んできて、恨み疲れたということもあります。

くわえて、恨みが無意味だと悟ったのです。そして、つぎの考えに到達します。

みなさんは「最高の復讐とは、幸せな人生を送ることである」という言葉を聞いたことがあるでしょうか。

仮に、あなたに加害してきた人がいるとします。その人は、あなたを傷つけたくて、そうした。そんな加害者がいちばん悔しがる復讐とは？

それは、あなたが幸せになることだ、という話です。

愛憎相半《あいぞうあいなか》ばするとはいえ、創価学会・父・母という三者を恨んでいたぼくにも、おなじようなことがいえます。


**もしぼくが三者を恨みつづけたとして、その恨みの果てになし得る最高の復讐**

**とは？「ぼくがめいっぱい幸せになること」でしょう。**

こうして、ぼくは恨みを手放しました。

## 「幸せになる」という復讐で、恨みを手放す

すると、「幸せになる」という復讐がさらに価値を光らせます。

父も母も、そして創価学会も、ぼくに幸せになってほしいという点でおなじはずだからです（他人の不幸を願う信仰者なんていないですよね……）。

みんなが大賛成の結論、それが「ぼくがめいっぱい幸せになること」なのです。

恨みから解放されたぼくは、それを素直に信じることができた。

これが、復讐目標の再設定になります。

もちろん、恨みを手放した時点で、ぼくは復讐も手放すことになるので、厳密にいえば「復讐目標」そのものがなくなったと考えるべきかもしれません。

その意味でいえば、これは「復讐を捨て去って目標を再設定する」という表現

にあらためてもよさそうです。

ただ、ぼくは、創価学会や両親ではなく、じつは「恨みにとらわれていた過去の自分」に復讐するというマインドを継続してもっています。

過去の自分がうらやむくらい幸せになって、過去の自分に復讐をしたい。この目標があるため、ぼくはあえて「復讐目標」という単語を使っています。

先に引用したハーマンは、復讐幻想から解放され、治癒《ちゆ》が進んだ人は、自分を傷つけた相手をむしろ気の毒に思い、相手に同情するようになると語っています。

仮に加害者が創価学会であるなら、そもそも創価学会に関心をなくしていくといった状況にもなっていくかもしれない。ぼくはいま、創価学会から、また信仰活動から放たれ、まさにそんな気持ちでいます。

そして、無事に恨みを手放すことができました。

復讐目標の再設定は、おそらく宗教2世以外の、親子関係に悩む一般の人にも活きるメソッドだと思います。

## Q. 宗教活動にのめりこむ親とわかり合えないのが悲しいです。

## A. 親に期待することをやめれば新しい一歩を踏みだせるでしょう。

前節では、歯切れよくノウハウをのべました。

ですが、じつは復讐目標を再設定して、「ぼくがめいっぱい幸せになる」ことを実行しようとしても、肝心の親が同調してくれないことがあります。そこが実現しなければ、このノウハウは十分とはいえません。

宗教2世の子どもが考える「幸せ」と、親が考える「幸せ」が食いちがうことがあるからです。

このあたりに食いちがいを感じたとき、宗教2世は、「親とは永遠にわかり合えない」という絶望感を味わうことになります。

信仰に熱心な親は多くの場合、「この教団でなければ真の幸せは得られない」と考えます。他方、信仰を手放したい宗教2世は、信仰「以外」のところで幸せを確立したいと願っている。すると、意見が衝突してしまうのです。

こういうとき、親は教団内でしか通じない論理を当然のように展開します。

わが家では、ある時期からぼくやぼくの弟たちが留守番をすることが多くなりました。父は出張で不在。母も会合で不在。そのため、寂しい思いをしました。あまりに寂しくて、母親に泣きついたこともあります。父にたいしては、高校生のときに、「オヤジは世界平和のために飛びまわっているというけど、家の平和もつくれないのに、なにが世界平和だよ！」と怒りをぶつけました。

その際、父から納得できない返答があったのです。

「いまは創価学会の建設期だ。多少のことはやむを得ない」

これは、教団内でしか通じない論理です（教団内でも、これには批判がありそう……）。

そんな理屈で宗教2世は救われません。なぜなら宗教2世は、「その教団と教団の論理が、わたしの不幸の根源なんだよ！」と思っているからです。

悲しいかな、親は教団によってあなたが苦しんでいることを理解しようとせず、教団の論理で語ってしまう。

しかも、この点は、いくら親と議論をかさねても多くは平行線をたどるだけ。これは苦しい。つらい。信仰を強制しがちな強者の側の親には、この苦悩を知ってほしいと、切に願います。

では、親がいつも不在で寂しいという状況に、ぼくはどう対応したのか。

ずばり、「親に期待しない」ことで対応しました。

## 「期待しない」姿勢がメンタルを安定させてくれる

夫婦円満の秘訣《ひけつ》として、よく「相手に期待しない」ことがあげられますよね。

「こうしてくれるはず」と相手に期待を寄せると、そうしてくれなかったときに、人は勝手に裏切られた気持ちになります。

ですが、最初から期待なんてしなければ、裏切られた感じもしません。むしろ相手がなにかをしてくれたら「儲《もう》けもの」と思っていると、実際にしてくれたときに得した気分になります。感謝の念が湧きます。

これとおなじように、ぼくは親に期待するのをやめました。

仮に、子どもであるぼくともっとむき合ってほしいと思っていたとしても、それを期待しない。

すると、ごくまれに父がむき合ってくれたときに喜びと感謝が倍増で感じられて、家を留守にしてばかりの親にたいして、ゆるす感情すら湧いてくるのです。

この「期待しない」マインドが定着することで、親子愛がどうなるかという話はべつとして、ひとまず、ぼくのメンタルは安定しました。

この「期待しない」態度は、その後、友人関係や夫婦関係などを良好にたもつことにも貢献していきます。

## Q.

# 宗教から離れたいけど、親を悲しませたくない……。このジレンマはどうしたら？

## A.

# 他人の価値観で生きるのはやめよう。あなたの価値観を最優先していい！

かなり多くの宗教2世は、宗教行事にいやいや参加させられたり、儀式の実践を強いられるといったかたちで、宗教由来のさまざまなことを強要される経験をもちます。

その延長で、「親が喜ぶから信心を頑張る！」と必死になってきた人も多いはず。

その影響で、信仰を手放したい宗教2世のなかには、「親を悲しませたくない」という一心で信仰を手放せないでいる、という人がいます。

「親を悲しませたくない」という感情は、親にたいする承認欲求《しょうにんよっきゅう》に結びつくことが多々あります。

「悲しませたくない」は「喜ばせたい」に容易に変換される気持ちですが、「喜ばせたい」という感情の奥には、「喜ばせることで親に認めてもらえたら、わたしはうれしい」という願いが潜《ひそ》んでいるからです。

そんな承認欲求には、ある問題が潜んでいます。欲求がきわまると、承認をもとめている本人が、相手の〝奴隷《どれい》〟になってしまう、ということです。

たとえば、あなたが恋人から愛されたいと願うシーンを想像してください。

その際、あなたは好かれようと思って、恋人がもとめることに――たとえ、あなたの意に反することでも――応じたりするでしょう。あるいは、恋人がイヤな思いをしないように尽くすようにもなります。

また上司や有力者、権力者に好かれようと願うとき、あなたは相手に対して必要以上に卑屈《ひくつ》になったり、へつらうようになったりします。相手の顔色をうかがいながらふるまうという生きかたを選ぶように変わっていきます。

これが、奴隷になるということです。

結果、あなたは自分の行動原理を相手ににぎられてしまう。

**そんな状態がつづくと、知らないうちにあなたは、自分の人生の主役を「自分自身」ではなく「他者」に譲るようになります。そして「他人の人生をあなたが生きる」という事態に陥っていく。**

そうなれば、あなたは自分を見失い、本音を押し殺しながら生きることになるでしょう。

宗教2世のなかには、そうなっている人がけっこういます。

## あなたは、あなたの価値観で生きていい

あえて断言します。

**あなたの人生の主役は、あなたです。**

**親ではない。教団でもない。**

**あなたはあなたの価値観に従って生きていいいし、教団の教えを反映した親の価値観などに沿って生きる必要はありません。**

**あなたは、あなたらしく生きていい。**

そのために必要なのは、自分で自分を認める、ありのままの自分を受けいれるという営みです。そして、「他者からこう見られたい」という欲求から離れ、自分の意思に正直になること。

もちろん、そんなマインドは一朝一夕《いっちょういっせき》では入手できません。でも、このマインドを獲得すれば、あなたは自分の行動原理を自分でにぎれるようになる。

これを、ちょっと難しい言葉で「自己統御《じことうぎょ》」といいます。自己統御が自然にできるようになったとき、あなたは自由になれます。

取り組めることとしては、自分で計画を立てて、自分で実行し、なにかを達成するという流れを意識的に経験することがあげられます。それを積みかさねていくうちに、あなたは自己統御ができるようになっていくでしょう。

そのうえで、この非常に困難なテーマについては、本書全体を読んで考究し、自分に合った対処法を見いだしていただけたらと思います。

## Q. 宗教が理由で親とぶつかり合う日々。和解するにはどうしたら？

## A. 互いの理解の懸《か》け橋を生みだす3つのポイントを実践しよう。

宗教2世のなかには、つねに親といい争いをしている人がいます。過度な献金で家が貧しくなり進学すらままならなくなった子どもが、親を責めたり、婚約相手を自分たちの宗教に入会させないと結婚は認めないという話になって、いざこざが起きたり——。

それでも親とは和解はしたいというのが、全員ではないとしても、宗教2世の願いです。

もちろん、すでに親と絶縁《ぜつえん》している人もいます。それも、宗教2世問題を解きほぐす道としてアリですし、それが正解だという状況にいる宗教2世が多いのも事実です。各人によって、最適解は異なります。

そのうえでここでは、ときに不可能とも思える親との和解にかかわるヒントを提示したいと思います。

ぼく自身、親とぶつかり合ってきました。たくさんのケンカをしてきました。

でも、いまのぼくは、両親と和解しています。

どうしてそうできたのか。ぼくが心がけたことは、大きく3つです。

## ①「エンパシー」をもって親と接する

「エンパシー」とは、相手の立場に立って「その人だったらどう考えるか」「どう感じるか」を想像する力のこと。「わたしが親だったら、どう思うか」と思いをめぐらせるのです。

たとえば、強烈な信仰をもつ両親が、あなたに教義的な言葉で説得をこころみてきたとしましょう。大抵の場合は「エンパシーなんていっていられるか！」という気持ちになりますよね。

けれど、そこは我慢。

説得してくる親の側の感情や論理を想像してみてください。

ぼくのケースでいえば、創価学会の理屈に相当ハマっている両親の立場になったときに、親がどういう気持ちでぼくを説得してきているのかを想像してみます。当然、想像なので、わからないものはわからない。それは、あたりまえです。恋人であれ親子であれ、わかり合うのは難しいですから。

ただしエンパシーは、その「わからなさ」をわからないままにしつつ、「どうして相手がそういう意見を話して聞かせているのか」について、「こう考えているのだろう」とあえて突き詰めます。

ぼくの場合、こう考えました。

親は「よかれ」と思って、ぼくのために教団の教えを説いているに違いない。

信仰にハマっているので、ぼくを純粋な「わが子」として見る視点と、「創価学会の子」として見る視点が混在している。ほんとうは信仰を抜きに、純粋な「わが子」として見てほしいけれど、それは現状ではかなり難しいかも――。

**ここで大事なのは、「わかり合える共通点」を探すことではありません。むしろ「相手は、完璧にはわかり合えない他人なのだ」という事実をたしかめることが大切です。**

相手の気持ちを想像しつつも、共感し過ぎて自分を見失うことがないようにしましょう。違和感や不快感は、そのまま保持してください。そこに慣れてしまうと、あなたは、あなたの人生の主役を親にしてしまうかもしれませんから。

そもそも、他人のすべてを知ることは原理的に不可能です。

そこを踏まえたうえで、信仰によって譲れないものがある両親の立場は立場として、「共感はできないけれど、理解はできる」という状態に気持ちを落ち着かせていく。すると、親への見かたが変わっていくことが多々あります。

## ② 他人ゴトのように自分ゴトを見る

そうはいっても、両親との対話はうまくいかないもの。ぶつかり合ううちに視野が狭くなり、不毛ない言い争いをしてしまうこともあるでしょう。

そこでつぎのポイントが活きてきます。

『奴隷の哲学者エピクテトス 人生の授業』（ダイヤモンド社）という本の受け売りですが、ここでちょっと想像してみてください。仕事で失敗した同僚がいるとして、その人が「ぼくはもうダメだ。自信を失ってしまった」と嘆いている。

そんな同僚から相談を受けたら、あなたはなんと答えますか？

「そんなに気にしなくてもいいんじゃないか」

「取り返せない失敗なんてないよ。ここから信頼を勝ち得ていこうよ」

少なくとも、同僚の失敗を第三者のこととして見ているかぎり、あなたは感情に引っぱられることなく激励できるはずです。

ところが、あなた自身が失敗の当事者になると、あなたの視野は狭くなってしまう。そして、こう思うのです。

「ぼくはもうダメだ。自信を失ってしまった」

なぜかあなたは、あなた自身にたいして「そんなに気にしなくてもいいんじゃないか」ということができません。

これがなにを表しているかというと、人には「他人の不幸とおなじように、自分の不幸とはむき合えない」という特性があるということです。

失敗が他人ゴトだったら冷静に見られるのに、自分ゴトになった瞬間、感情に流されてしまう。

これは、宗教2世の親子喧嘩にもいえます。

**大切なのは、「自分にかんする出来事を、できるだけ他人ゴトとしてとらえる」目線。その目をもつと、感情の振れ幅が小さくなります。**

**具体的な実践としては、「もしも、あなたがほかの宗教2世の友人から親子喧嘩の相談を受けたら、なんと答えるか」を想像してみるといいでしょう。**

そして、その返答とおなじ言葉を、あなた自身にかけてみるのです。こうしていくうちに、あなたは親子の確執《かくしつ》を客観的に見られるようになっていきます。

## ③「やられたら受けいれ、認める」というコミュニケーションの型を駆使する

つぎに、3つ目のポイント。

人間のコミュニケーションには、大きく2つの型があります。そのうちの一つを駆使する手法が③になります。

コミュニケーションの型の一つが、「やられたらやり返す」というものです。意見をいわれたら反論する。怒られたら逆ギレする。相手がのろけてきたら、のろけて返す。そんなコミュニケーションです。

このコミュニケーションをつづけた場合、売り言葉に買い言葉のケンカになっていく可能性があります。

コミュニケーションのもう一つの型は、「やられたら受けいれ、認める」というものです。

意見をいわれたらそれを肯定する。怒られたら謝《あやま》る。のろけられたら、うらやましがる。そんな態度です。

こちらには相手を鎮静化させる効果があります（この2つのコミュニケーションの型は、心理学者ワツラヴィックらの『人間コミュニケーションの語用論』〈二瓶社〉を参考にしています）。

この2つの型のうち、宗教2世と親との対話で役立つのが、「やられたら受けいれ、認める」コミュニケーションになります。

このコミュニケーションによって親の気分を落ち着かせると、状況が変わってくるかもしれません。

みなさんは親子喧嘩の際に、「やられたらやり返す」コミュニケーションをしていませんか？　近親者同士の「ケンカあるある」でしょう。

この2つの型を理解しておくと、もしかしたらあなたは、「あ、いまわたしは『やられたらやり返す』状態にハマっているな」と気づき、対話の手法を「やられたら受けいれ、認める」方向にシフトできるかもしれません。
するとと、親子の対話の場は、穏当《おんとう》なものになっていきます。

もちろん、ことはそう簡単ではありません。この実践も、一朝一夕にできるようにはならないでしょう。練習が必要です。

また、人によっては「『やられたら受けいれ、認める』って……ストレスがたまりそう」と思うかもしれません。たしかに、なんの前提もなしに相手の説得をまるまる受容していたら、ストレスがたまります。

そこで活きるのが、親にたいしてエンパシーを発揮することと、事態を他人ゴトとして見るという営みです。

**親の立場を想像しながら、第三者の目でケンカを眺めることができれば、あなたは状況を俯瞰《ふかん》してとらえ、「親がそう考えるのも、仕方ないよね」と、突き放した視点で対話の変遷《へんせん》を追い、ストレス少なくケンカをいなすことができるようになるかもしれません。**

とはいえ、やはり、親子の対話は難しいものです。感情的になったり、重箱の隅をつつくことにもなりがちです。

対話は、「和解」も生むけれど、「決裂《けつれつ》」も生む。

現代思想家たちの「対話」にまつわる哲学的な考察を追っていると、「対話」というものの性質上、それが成立するのがとても困難だということが、よくわかります。

対話を不成立にさせるものはなにか。

ぼくは「わかり合おう」という意志と、「折り合いをつけるために、自分の考えを更新する可能性も視野に入れよう」という意志の欠如だと考えています。

あなたの親に、また、あなた自身にそれらはあるでしょうか。

この観点に照らして、もしも親にたいして「無理だな」と思ったら――。

「わたしの前では宗教の話は二度としないで！」といってもいいと思います。

あなたは、あなたの人生を生きてください。

## まとめ

宗教2世にかぎらず、親子関係に悩んでいる人はたくさんいます。

とくに被害を受けてきた宗教2世のなかには、「信仰をもつ親のもとに生まれてしまったがために人生を狂わされた」と感じている人もいます。その感情を解消することは、相当に困難です。

ぼくは長年、親や創価学会に愛情や憎しみ、復讐心を抱きつづけました。でも、いくら恨んでも過去は戻りません。恨み節にも疲れて、気がつけば「自分が幸せになることが最高の復讐だ」と思うようになり、気もちがラクになりました。

理想をいえば、親と対話して、わかり合いたい。ですが、それが難しいことも多々あります。正直、絶縁したほうがいい場合だってある。

決して無理はせず、あなたには「教団や親がしめす人生」ではなく、「あなたの人生」を生きてほしいと願っています。

# 2・2

# 恋愛、友人関係

# 編

## Q.

# 宗教を理由に学校でイジメを受けていて、とても苦しいです。

## A.

# ぼくは、6年間受けつづけたイジメを、「ブランディング」で切り抜けました。

あれは、小学3年生のときのこと。

「お父さんの仕事を作文でまとめて発表しましょう」という宿題が学校で出ました。

ぼくは、戦々恐々《せんせんきょうきょう》です。

あらためて確認しますが、ぼくの父は創価学会の理事長も務めた大幹部。新卒で創価学会本部職員になり、日本や世界各国を飛びまわったツワモノです。その父のことを、教室で周知するというのです。

当時、ぼくがかよっていたのは公立の小学校で、クラスメイトのほぼ全員が創価学会員ではありません。

状況は、危険です。しかもこの危機は深刻さを増していきます。

ぼくが家で作文を書きあげると、それを見ていた母が添削《てんさく》を開始。消しては書き、消しては書き……気がつけば原形をとどめないほど書き換えられていました。


で、発表の日。

みんなが、父親の仕事についての作文を読みはじめます。

「わたしのお父さんは公務員で〜」「消防士で〜」「建設会社で働いていて〜」。

ほほえましい発表がつづきます。

そして、ぼくの番。

「ぼくのお父さんは世界平和のために、日本中、世界中を飛びまわっています」

瞬間、教室が「え？」という雰囲気になります。ぼくはつづけました。

「お父さんは、偉大な師匠である池田大作先生のもとでたくさん学び、大勢の人を励ましています」

ざわつく教室。ふるえる、ぼく。

うしろの席の子どもが、こういってきました。

「お前の父ちゃんって、ヒーローなの？」

これ以降、ぼくは好奇の目にさらされることになります。

しかもぼくは、当時イジメを受けていて、この作文を機に、イジメが過熱してしまいます。

ぼくは、小さいころはとてもおとなしく、なにごとにも消極的な子どもでした。

そんなぼくをイジメっ子が見逃すはずがなく、ぼくは幼稚園時代から小学4年生までの6年間、イジメに遭っていました。

イジメは地獄でした。

子どもにとって、幼稚園や小学校のクラスは生きる世界のすべてといっていいほど大きなものです。そこで攻撃を受けると、逃げ場はありません。

ぼくは、何度も何度も泣かされてきました。

## 「キャラ変」してイジメられっ子から卒業

しかし――。そこに転機が訪れます。

小学5年生になる直前に、近隣に新しく小学校ができ、ぼくはそちらに移る機会にめぐまれたのです。ぼくにとっては、過去を振り切るチャンス！

大学や高校に入学するときに外見や服装を変え、キャラクターも変えて心機一転《しんきいってん》をはかる人がよくいます。

ぼくはそれの、小学5年生バージョンを決行。キャラは明るく、人にはやさしく、授業でも積極的に手をあげて意見をいうキャラにチェンジしました。

たとえば、理科の実験がある場合は、多くの児童が「だるい」と思っているときに、「めちゃ楽しそう！」と叫んで、率先して実験を進めていく。テレビでお笑いを勉強して、他人を笑わせるテクニックも自分なりに習得。

こうした立ちふるまいは、まず教師に気に入られました。

ただし、これには懸念《けねん》もありました。「あいつ、先生に取り入ってるよ」と、ほかの児童から嫉妬《しっと》を買う可能性があったのです。

長年イジメを受けてきたぼくは、警戒心《けいかいしん》、全開！　実際、クラスのガキ大将から目をつけられてしまいました。新しい小学校には、前の学校でぼくをイジメていた人も数人、移ってきていました。それも看過《かんか》できません。

そこでぼくが行ったのが、「ブランディング」です（当時はそんな言葉、知らなかったですけど）。

ぼくには得意なことがありました。絵を描くことです。

漫画っぽい絵から、図解もの、写実的な絵画まで、さまざまなタイプの絵を描きわけることができました。

その能力をまずは強化します。絵を描きまくってうまくなっていくわけです。

そのうえで行ったのが、ブランディングです。

ぼくは、あらゆる場面で絵を描きました。図画工作の時間だけではありません。算数や理科のときには図やイラストを。社会の時間には教科書の偉人の顔に落書きなどを。休み時間にも四コマ漫画を。辞書のような分厚い本の端っこにはパラパラ漫画を。そして、帰宅してからは家で漫画を――。

するとクラス内に「絵といえば正木」というイメージができあがります。

くわえて、暗い顔をしている子がいれば励ますために絵を描いて贈ったり、どうしても理科の授業を受ける気分になれない子がいれば「理科室へ、一緒にGO！」みたいなイラストを見せて笑わせたりというふうに、絵を披露《ひろう》する機会も増やしました。

こうしていくと、なにかにつけてクラスメイトがぼくに「絵、描いて！」と依頼してくるようになります。「絵を描くのがうまい正木」を、みんながひんぱんに思い出してくれるようになるのです。


ブランドを考えるときに、「セイリエンス」という指標を使うことがあります。セイリエンスとは、そのブランドが思いだされる機会の多さと、思いだされたときの度合いの強さをかけ合わせたものです。ぼくは知らない間に、このセイリエンスを強化していったのですね。

その結果、ぼくはクラスで居場所を獲得することができました。ガキ大将は、ぼくの漫画の愛読者に変わりました。

## つらい環境でも、自分の「強み」を発見してみよう

このエピソードには興味深い点があります。最初は「演じて」明るくしていたぼくが、ほんとうに明るい人間へと変わっていったのです。ブランディングも、慣れてしまえば無意識の作業になります。人って、ほんとうに不思議ですよね。

これにより、ぼくはイジメから脱することができました。

ただ、こうしたぼくのエピソードを読んでも、「わたしに得意なことなんて、なにもない」と思った人もいるかもしれません。

宗教2世のなかには、たくさん傷つき、涙を流してきたがゆえに自信を失っている人がいます。そういった人は、「わたしに強みなんてあるの？」と疑問をもつかもしれません。

大丈夫です。安心してください。

この世に、強みのない人は一人もいません。

なぜなら、あなたとまったくおなじ個性をもっている人間は、この世に一人もいないからです。


**あなたには、ほかのだれもがもっていない「個性」がある。**

**その個性は、見かたを変えれば強みになります。**


いまは、それがただ見えていないだけ。大丈夫です。


たとえば、行動力のある人がいるとします。それが長所だと本人は思っている。

ですが、裏を返せばそれは思慮深《しりょぶか》さが足りないという短所になるかもしれません。

反対に、行動力がないという短所は、思慮深いという長所にもなり得ます。

長所・短所といっても、それは相対的な価値であって、見かたを変えれば長所にも短所にもなるわけです。

この性質は、あなたがもっている個性の要素――それこそ無限に分解して、わけてとらえることのできる「あなたらしさ」の要素すべてにいえます。

**あなたには、あなたにしかない強みがかならずある。大丈夫。**

苦悩のなかにいるとき、人はどうしても視野を狭くしてしまいがちです。そして、自己否定に至ってしまう。

でも、苦悩の渦中だからこそ、「これは自分の強みを見つける機会につながっているかも」と思い直してみてください。

実際ぼくは、子ども時代はイジメのなかで、そして大人になってからはうつ病のなかで、「新たな自分」を発見し、それを強化してきました。

苦しかったからこそ、真剣になって強みを見いだすことができた。

苦悩はときに、「新たな自分」を発見するエンジンになるのです。

## Q.
## 修学旅行で、宗教上の理由で神社参拝ができずに困っています。

## A.
## 「神社で拝んではいけません」という教えは「ネタ化」して乗り切ろう。

子ども時代のイジメを〝キャラ変〟によって乗り越えたぼくは、その後、おとなしかった性格から逆に振りきって、強気なキャラに変わっていきました。

同時に、創価学会について友だちからふれられることを恐れがちだった性格にも変化が訪れます。

むしろ、「学会のこと、いじってくれよ」と思うようになったのです。

ぼくは、教室で勤行《ごんぎょう》をしてみせたりしました。

さて、そんなぼくですが（どんなぼくだ）、修学旅行で日光に行ったときに、世間とわが家の価値観の違いをふたたび認識することになります。

これは「創価学会あるある」ですけれど、学会員は当時、学会以外の宗教を「邪宗《じゃしゅう》」として批判的に見ていました。そのため、たとえば学校行事で日光で神社参拝するという話が出ると、母からは「鳥居をくぐってはいけません」「神社で拝んではいけません」と念を押されるのです。

それで、本番。いざ日光に行くと、歴史ある建物の数々は圧倒的でした。

ですが、拝むことはできません。

みんなが参拝時にお辞儀をしているときも、ぼくはそれを拒否。仁王立《におうだ》ちで臨みます。

親から教わったことを鵜呑《うの》みにして、「創価学会の教えが世界でいちばん」と考えていたので、頭をあげている自分が誇らしくもありました。強気ですね。

しかし、やはりそれを見て違和感を抱く子も出てきます。

「正木、なんで拝まないの？」というわけです。

ここでぼくは、ふたたび警戒心《けいかいしん》を湧かせます。この価値観の違いの見えかたを放置するわけにはいきません。イジメの種になる可能性があるからです。

そこで役立ったのが、創価学会の話題を避けるのではなく、むしろこちらから開示して、ネタ的に友だちを笑わせるというサバイバル術でした。

「神社の神さまよりも強い仏さまが俺にはついてるから、神さまにぺこぺこしなくていいんだ」

そんなふうにいって、仏像のように手を合わせて動かない、なんてことをしてみせるのです。

すると、笑いが起こる。で、みんなにふたたび受けいれてもらえる。

こういったしぐさがわが身を守ってくれたシーンは、けっこうありました。

そうこうしているうちに、小学6年生になるころには、ぼくはクラスの中心的な存在になっていきました。この時期は、ほんとうに楽しかったです。

Q.

## 教団の文化に、違和感を覚えるようになって苦しいです。

A.

## 同調圧力に屈しないために、違和感の根っこを分析しよう。

子どものころの輝かしい時間は、長くはつづきませんでした。

小学校を卒業し、創価中学に入学したあと、ぼくは想像もしなかった事態に直面します。

当時は、創価学会の指導者・池田大作氏がひんぱんに創価学園に来て、式典でスピーチをしていました。

そのときに〝池田先生〟がなにかをよびかけると、学園の生徒たちが「ハイ！」と返事をし、みんなが一斉にピッとひじを伸ばして手をあげるのです。

ぼくは、これに仰天しました。

「このなかで親孝行をしている人！」（池田氏）

「ハイ！」（学園の生徒一同）

ぼくは、気持ちが悪くなります。

まるで「ハイル・ヒトラー（ナチス式敬礼）」じゃないか……。

そのころのぼくは、反抗期に入ったばかり。こういったことに対する忌避感《きひかん》が急速に高まっていました。

学園祭などの前にも、準備活動として、創価学園を創立した〝池田先生〟について学ぶことがありました（これは学校としての公的な取り組みではなく、生徒同士による活動・研鑽《けんさん》）。

ぼくは、池田氏について学びたいとは思えなかったのですが、周囲はみんな研鑽をしている。だから、ぼくも勉強会に参加せざるを得ません。

そこに、ある種の同調圧力がまったくないかといえば、嘘になるでしょう。

たとえば創価学園の生徒は、行事などで池田氏への尊敬を表現する団体演技――みんなで振りつきの歌を合唱し、池田氏にむかって決意を宣誓する――を行います。

その取り組みが全員参加型であることもしばしばで、この演技をボイコットすることは容易ではありません。

基本的に生徒はみんな、池田氏への尊敬の念を表現していました。

このころにぼくが強烈に意識したのが、「同調圧力」です。

これは生涯にわたってぼくのなかで生きている習慣ですが、ぼくはなにかしらの違和感を抱いた際に、それを放置しないようにしています。

「あれ?」と思ったことは、「そういうものだから」とスルーしない。

ぼくはこれを、「違和感のマーキング」とよんでいます。

で、マーキングをしたら、じっくり時間をかけて違和感の根っこを吟味していくのです。

同調圧力を心にとどめたのは、その端緒といえるでしょう。

## 自分の本音に耳を澄まして、自分に正直に生きる

創価学園の式典に参加したある日のこと。

ぼくが池田氏のよびかけに無反応でいると、となりにいた同級生から「なんで手をあげないんだよ。お前も先生の弟子だろ」といわれたことがありました。

ぼくはムッとします。とはいえ、友だちに反抗するのも面倒なので黙りました。

このような経験を積みかさねていくうちに、ぼくはみずからの生きかたについて、ある結論に至ることになります。それは、「自分の本音に耳を澄まして、自分の頭で考え、自分に正直に生きよう」ということです。

しかし、「言うは易《やす》く、行うは難《かた》し」とはまさにこのこと。ぼくがこの行動原理をほんとうの意味で実践できるようになったのは、30代後半になってからでした。

ただ、自分に正直に生きようと決意した原点は、創価学園時代にあります。

ぼくは、創価学園で抱いた違和感を大切にしました。

そして、それをじっくりと分析。これはいわば違和感の根っこ分析ですね。

その折にもっとも参考になったのは、哲学者ハンナ・アーレントの議論です。

アーレントは、ユダヤ人の大量虐殺《ぎゃくさつ》を行ったナチスの蛮行《ばんこう》が「なぜ生じたのか」「なぜだれも止められなかったのか」について探究しました。

そういった体制を生む危険な運動を「全体主義」とよびます。全体主義の社会とは、国家や社会を構成する大多数の人々が一つの思想を強く信奉し、おなじ生活や行動パターンになっているか、少なくともそういう状態を目指した体制づくりが進んでいる社会のことです。そこでは社会全体が均質化し、統制がとれた状況になっています。

しかも、そんなナチス・ドイツの全体主義への流れの加速は、当時としてはわりと平時に、つまり戦争のど真ん中といった異常時ではない時期に生じました。

これが、世界を驚かせました。なぜ、そんなときに全体主義が？

ぼくはアーレントの知見を学ぶにつれて、創価学会が全体主義に陥らないともかぎらないという意識をもつようになりました。

全体主義の足音は、「なんで手をあげないんだよ。お前も先生の弟子だろ」といった、ささいで、ほんとうに小さな同調のもとめから響きはじめます。

ぼくには、ひた、ひた、とその足音が聞こえる気がしたのです。

この直感は、大人になって学会活動をするほど確信に変わっていきました。

もちろん、創価学会がそのままナチスのようになるわけではありません。ですが、全体主義的な要素をふくらませていくようにはなると思いました。

同時に、アーレントの議論をもとに、学会員の友だちと接するときに配慮すべきポイントを何点かあげ、それを意識してコミュニケーションをとるようになっていきました。

なぜなら、創価学園のなかでお互いが同調圧力を発揮し合うようになれば、全体主義的なものが、一人ひとりがもっている個性や、みんながもっている多様性を圧殺《あっさつ》してしまうことがあるかもしれないと思ったからです。

自分の個性をありのままに輝かせたい。あの友にも個性を輝かせてほしい。

その願いがより叶《かな》う状況をつくるには、少なからず創価学園に吹く同調圧力の風にさからう必要がありました。

## Q. 教団仲間の同調圧力に、負けてしまいそうで苦しいです。

## A. 「ネガティブ・ケイパビリティ」を友だち付き合いのなかで実践しよう。

前節で、個性を圧殺しかねない同調圧力についての話をしました。

宗教教団のなかでは友だち付き合いでも強い同調圧力が働くことがあります。

たとえば、献金が激しい宗教団体があるとします。その激しさゆえに、その教団の多くの家庭は貧乏です。みんな、貧しい格好をしている。

そんな環境のなかで、オシャレをするとなるとどうなるか。

周囲から「なんであなたは（もっているお金をすべて献金に使って）清貧に生きないの？」といった干渉を受けるかもしれません。

ここではオシャレを例に出しましたが、こういった同調圧力によって、自分らしく、自分の好きなように生きることが困難になることがあります。

そのような宗教2世が自分らしく生きるには、生存戦略が必要です。


では、ぼくの生存戦略はどんなものか。

それをかたちづくるうえで重要な話なので、ここでは、まどろっこしいようですが、全体主義が生じた原因をアーレントの洞察から拾いあげてみます。のちの話に結びつく内容ですので、しばらくお付き合いください。

ここでは、国や社会などの構造、また歴史の流れが生んだ全体主義の原因ではなく、個々人のふるまいが生んだ原因をデフォルメして列挙します。

①　みんなの同質性を重視し、異分子は同化させるか排除する
②　異なる意見をもつ人が対話し、意見交換し合う領域を減らす
③　組織が志す理想の実現について深く考えず、思考を停止する
④　強力なリーダーシップをもった人物をもとめる

難しい話かもしれません。少し解説しましょう。

全体主義的な組織は、同質性、つまり「みんなおなじ」という状態をつくろうとします。池田氏が参加する式典で、みんなが一斉に「ハイ！」と手をあげることも、その一つの象徴なのかもしれません。組織を画一的にしていく感じですね。

また、同質性をもとめだすと、異質な人を排除したり、同化させようとしたりするメカニズムが働きます。

みんなが「ハイ！」と手をあげていることに抵抗しているぼくにたいして、「なんで手をあげないんだよ」と苦言を呈《てい》してきた同級生は、そのメカニズムに則《のっと》っているといえるでしょう。

「なぜあなたは、みんなと『おなじ』にしないのか？」という問い、または空気が、組織を画一化していきます。

これが過度になると、〝異端児〟は組織内に居場所を失います。

批判をすれば、いづらくなる。異論をいえば、たたかれる。

そうやって異分子が排除されれば、どうなるか？

組織の同質性は、さらに高まります。

問題の核心は、組織のメンバーの多様性が失われる点にあります。しかも、同質性がきわめて高い組織からは、異なる意見をもつ人同士が対話をする空間も失われていくのです。

アーレントは、多彩な考えかたにふれるなかで、はじめて人は、人間らしさや多角的な視座を得ることができると考えました。

そういった領域が組織から極端に減ってしまったら、反対意見が出にくくなり、なにかのきっかけでみんなが一つの思想や主義、カリスマに殺到したとき、ストップが利かなくなる。

そうして雪崩《なだれ》を打つようにして全体主義に突入したのがナチス・ドイツです。

## 組織の同質性が高まると、メンバーは思考停止に陥る

こうした状況下では、組織のメンバーはしばしば思考停止に陥ります。

たとえば、創価学会が世界平和を目指しているとしましょう（実際、目指していま

す)。当然、創価学園の生徒もそれを志している。

ですが、思考停止をした人は、「世界平和」がなんなのかあまり深く考えず、「世界平和」「世界平和」とスローガン的に言葉を唱えたりします。

そして、平和を目指す人同士で同調し合います。互いに「平和を目指している」という共通項をたしかめます。

人によっては、それだけで「世界平和についてなにかをやった気」になってしまうかもしれません。ほんとうは、実質的な世界平和への前進はほとんどないのかもしれないのに、です。

しかも、なぜスローガンを連呼するのかを問うと、大抵の場合「まわりがそうしてる」ということになる。これがまさに思考停止なのですが、本人はそのことにあまり気づきません。それで、同質化をさらに加速させるのです。

これが過度になったとき、組織はどうなるか。国民は? 大衆は?

かつてのドイツの場合は、みんなが烏合《うごう》の衆《しゅう》と化していきました。そして、みんなが「寄るべ」をもとめるようになっていった。

具体的には、カリスマ的なリーダーを希求した。そして、その人に依存するようになった。当時のドイツにおけるそのカリスマが、ヒトラーです。

ぼくは、①〜④が起こらないように配慮し、まずはぼく自身が思索し、みずからが思考停止をしていないかを自己点検していきました。

そして、学会員の友だちと語らう際は、多彩な考えの可能性に配慮できるよう、話題を盛り込むようにしました。

友人たちからすれば、厄介《やっかい》な態度だったかもしれません。

たとえば学会の組織で、みんなが広宣流布《こうせんるふ》をあたりまえのこととするなかで、「なぜ広宣流布（世界平和）を目指す必要があるの？　そもそも広宣流布ってどんな状態を指すの？」などと聞いたことも多々ありました。

こういった、立ち止まって考えるという微々たる抵抗は、少なからずぼくの周囲の人たちに知的感化を与えたと思います。

……一応断っておきますが、つねにこんな問いをぶちこんでいたわけではないですよ。みんなで楽しく、ワイワイやるのは、ぼくも大好きです。基本は、楽しく、仲良くをベースにはしていました。

## 集団の暴走を止めるネガティブ・ケイパビリティ

ぼくのこうした対応は、近年話題になることが増えた「ネガティブ・ケイパビリティ」に近い態度かもしれません。

ネガティブ・ケイパビリティとは、物事の判断を宙づりにして、謎を謎のまま抱え、安易に納得したり即断せず、自身のなかで考えを深める力のことです。

全体主義にまつわるアーレントの議論に沿っていえば、みんながおなじ方向にどんどん進んでしまっているときに、それとはべつの道を考え、疑問や問いを立て、探索的に思考することです。

もちろん、みんながみんなネガティブ・ケイパビリティを発揮しまくってしまえば、物事は遅々《ちち》として進まなくなるかもしれません。

ですが、こういった思考の余白が失われる社会は、軋《きし》みを生みます。

なにかを決断した瞬間、人はともすると「ほかにあり得た可能性」が見えなくなってしまう傾向にあります。そうして、ほかに可能だったかもしれない選択肢への想像力が失われていくと、社会はやせ細ってしまう。あるいは、多様性を失ってしまう。

その極致《きょくち》が、全体主義です。

そのため、ネガティブ・ケイパビリティはいま、見直されてきています。

ちなみに、このようなアーレントの議論を引き合いに出すと、学会員のなかには「ナチス・ドイツは特殊な事例であって、創価学会ではこんなことはあり得ない」という人も出てくるでしょう。

ですが、そもそも「創価学会は大丈夫」と手放しで考えるその態度こそが、思考停止だといえます。

先哲が教えてくれるのは、「うちは大丈夫」と考えるのではなく、「うちにもそうなる可能性がつねにある」と思ってふるまったほうが組織は永らえ、発展するという卓見《たっけん》です。

## だれにだって残虐《ざんぎゃく》なことをしてしまう危険性がある

アーレントは、恐るべき真実を広めました。

それは、ナチスの大量虐殺に加担した主要人物の一人、アイヒマンという人が、極悪人《ごくあくにん》でも犯罪的な性格をもつ人でもなく、どこにでもいるふつうの人だったということです。

これがなにをしめしているかというと、条件さえそろえば、だれもがナチスになったり大量虐殺に加担したりするようになるということ。

あなたにも、その性質があるのです。

だからぼくは、組織上のルールにまつわる、「それはそういうものだから」といった理屈や、「広宣流布のためだから」「池田先生のためだから」といった、創価学会のなかで、万能的に物事を正当化できるいいまわしとも格闘しました。

「ちょっと待って。それ、具体的になんなのか考えてみない?」

「ほんとうに、いまのやり方でいいの？」

こういって、判断をいったん保留にして、立ち止まることを推奨してきました。まさに、ネガティブ・ケイパビリティの発揮です。

これがアーレントの、とくに『全体主義の起原』（みすず書房）や『エルサレムのアイヒマン』（同）という本から学んだ、全体主義にあらがうための知恵でした。

この姿勢は、学会内の友人関係にかぎらず、さまざまなところでその後に活きてきます。

とくに、信仰世界のつらさから〝離陸〟するときや、第3部でふれる「自分の頭で考える」という営みを充実させるとき、さらには第2部の第5章で紹介するビジネスシーンなどで実際に活きました。

Q.

「恋人に布教をしろ」といわれて実践したら、振られてしまいました。

A.

振られた悲しみを癒《い》やし、気がまぎれることをして忘れて。

ここまで、友人関係にかんする出来事を扱ってきました。ここからは、恋愛の話に移ります。

恋人ができたら、いつ自分のことをカミングアウトしようかと悩む宗教2世も結構いるのではないでしょうか。

ぼくにも、おなじような経験がありました。人生ではじめて彼女ができたときの話です。

その女性はもともと、当時、ぼくが住んでいた東京・信濃町の地元の仲間でした。高校生のときから恋愛がはじまり、それ以降もお付き合いを継続。

そして彼女とぼくは、そのうち「結婚しよう」といい合うようになりました。

信頼関係が、深く築けていたと思います。

ところが、そんなぼくらの関係に暗雲《あんうん》がたれこめます。

ぼくが創価学会の学生のセクション（学生部）で活動をはじめてしばらくたったころ、先輩に、「その彼女、折伏《しゃくぶく》するんだよな？」といわれたのです。

「折伏」とは、布教のことです。

その先輩は、ぼくの彼女を創価学会に入会させろといってきました。

そのころのぼくは、すでにほかの多くの友だちに折伏をするようになっていたので、折伏をすること自体に抵抗はありませんでした。布教活動にかんしては先陣を切っていると、まわりからもいわれていました。

でも、相手が自分の彼女となると、思わずヒヨってしまいます。

ぼくは躊躇《ちゅうちょ》しました。

すると、先輩がこう告げてきました。

「あれ？　ビビってんの？　折伏は人を選ばず万人にするものだろ。折伏しゃすそうなヤツを選んで折伏するなんて、邪道だぞ」

——で、当日です。いつもどおり彼女とデートしたぼくは、東京・お台場の浜辺で、愛の告白でもするかのようなおももちで、信仰の話を切りだしました。

## 大好きな彼女に宗教の勧誘をしたら……

「あのさ……君は俺が創価学会員だってことは知ってると思うんだけど、きょうは大切な話があるんだ」

「えー？　なに？」

「創価学会のことを君に知ってもらいたくて」

「え？　学会のこと？」

「真剣な話でさ。俺のことを知ってもらうには、どうしても創価学会のことを知ってもらいたいんだ」

「イヤ。聞きたくない。わたし、学会嫌い」

「いや、え？」

「それ、シャクブクでしょ？」


シャクブク。

なぜに、彼女の口からシャクブク？

なぜだろう。なぜ、そのワードを知っているのだろう。なぜ、こうなっちゃったんだろう。

じつは彼女は過去に親が知り合いの学会員から折伏を受けた経験があるそうで、そのことを何度も聞かされてきたため、創価学会に悪い印象を抱いていたのです。

しかも、彼女もぼくとおなじ信濃町の住人です（そう、そうなのです）。

信濃町といえば、創価学会本部をはじめ、学会の建物がひしめく土地。地域住民はそこを「創価タウン」とよんだりします。

日常的に学会員や本部職員を目撃してきた彼女は、「創価の女の人って、みんなおなじで、ダサい格好してるじゃん。あれ、不文律であああしてるんでしょ？そういうのが平気な人たちに魅力なんて感じないよ」と、切って捨ててきました。

ショック……。

ぼくの心のダメージは思いのほか深かったため、このとき、ぼくは近場の山に逃走しました。

そして、ある程度高いところから朝日や夕日を眺めました。

それで、心の痛みを忘れようと努めたのです。

悲劇については、なにかで気をまぎらわせて忘れるというのも大事です。

## 結局、宗教が原因で振られることに

その後も、付き合いのなかで彼女とのやりとりはつづきましたが、雲行きは怪しくなる一方。このときばかりは、ふだん布教で引き下がることのなかったぼくも、心が折れました。

結婚するなら、彼女に折伏を——。

そう考えていましたが、結局、その夢は潰《つい》えることになります。

それ以降も、ぼくは何度も何度も彼女を折伏しようとしました。布教活動を「してしまった」のです。

その結果、彼女との関係はジ・エンド。別れ際、彼女がこういったことを鮮明に覚えています。

「そういうの（折伏）、ほんとうによくないよ！」

当時のぼくは、彼女の怒りに丁寧に応じることができませんでした。

しかし、反省はしました。

二度とおなじことをくり返さないように、具体的に反省した内容をメモに書き出して、可視化しました。たとえば、こんな感じです。

・彼女を「人間として」見るのではなく、「折伏の対象として」見てしまった
・俺は「折伏は絶対に正しい実践だ」と思っている
・そのため、彼女がイヤがっていても、折伏をやめなかった
・結果、もともと創価学会に嫌悪感を抱いていた彼女の感情をさかなでした
・それが、俺にたいする嫌悪感につながった

・なにかの正しさを妄信すると、俺は止まれなくなる
・妄信したものを押しつけると、どんな善意でも、相手を傷つけてしまう
・相手を傷つける行為は、いかなる理由があっても正当化されてはならない
・宗教は「絶対に正しいなにか」を信じるけど、その「信」と「理性的な判断」はうまく両立させなければならない。そのためには、どうしたら？

ぼくには、こういった「内省メモ」をとる習慣があります。メモを残す際に工夫すべき点としては、思考のプロセスを、なるべくそのまま記述することです。

この内省メモは、自己分析をするうえで大変に役立ちます。自分を客観視できるようになるのです。内省メモは、反省の足がかりにもなります。内省メモのおかげでぼくは、自分の正しさを押しつけるような、独りよがりの折伏をやめました。だからでしょうか。この事件以降、宗教のことで恋愛が炎上することもなくなりました。

すると、以前ふれた「他人ゴトのように自分ゴトを見る」（62ページ参照）を、より上手に実行できるようにもなります。ぜひ、ためしてみてください。

Q.

時々、恋人や友人を布教対象として見てしまうことがあります。

A.

相手を「手段」として見るのはとても失礼です。やめましょう。

先ほど、アーレントを引き合いに出しつつ少し難解な話をしましたが、本章の最後に、ふたたび、若干難しい話をさせてください。

これは、ぼく自身が、恋人や友人との関係においてもっとも悩んだ点で、どうしても外せないのです。

前節の失恋の場合にかぎらずですが、ぼくは、外部の友人（学会員ではない友人）に折伏や公明党への支援の依頼をたくさんしてきました。

熱心な学会員の多くが、おなじようにしています。

その活動は活発で、たとえば選挙のときに100人以上に投票のお願いをする人もザラです。ぼくも300~400人にアポイントをとってあたってきました。折伏も、同世代のなかでは飛び抜けた成果を出してきました。

それを学会組織に伝えると大変に喜ばれます。

当時はぼくも、それを誇らしく感じていました。

しかし一方で、この活動に悩みもしました。

相手を「友だちとして」ではなく、「折伏の対象として」「公明党支援の依頼先として」見てしまうという悩みです。

しかも、アタックした友人は、組織に「数」として報告されます。すると、気がつかないうちに友人を「数」として見てしまうのです。

これは端的に、相手に失礼です。

ですが、このようなマインドをもつ学会員は、ぼくもふくめ、活動の現場でけっこう見られました。

友だちを広宣流布などの大義を達成するための手段にするような行為は、少し難しい言葉で表現すると、人間の「手段化」といえます。

あたかも、おいしい料理をつくるために包丁を手段として使うように、友人を目的達成のための手段にする。いわば、包丁などのように、相手を集票などの「道具」として使っているわけです。

これが過剰になったとき、人は相手を「道具のように操作してもいいもの」と見なすようになります。

こう書くと、「そんなわけがあるか」と思う人もいるかもしれませんが、人は知らない間にこの罠《わな》にハマっていきます。とくに大義や権威の〝後ろ盾〟があるときは危険です。それらが手段化を正当化してしまうからです。

あらためて、ぼくが失恋したときにつくった「内省メモ」を書きだします。

・俺は「折伏は絶対に正しい実践だ」と思っている
・そのため、彼女がイヤがっていても、折伏をやめなかった

こんな感じになってしまうのです。

## 絶対に、相手を意のままにあやつろうとしてはいけない

多くの先哲は、古《いにしえ》より指摘してきました。

人間がもっとも抵抗すべき欲望の一つは、「相手を意のままにあやつりたい」という欲望なのだと。

相手を自分の意に沿うかたちで説得したい。態度を変えさせたい。意見を変えさせたい。

相手を操作しようとする欲望ほど、恐ろしいものはありません。

これとおなじようなことが、折伏や公明党支援の依頼にも起こるのです。

折伏をするときに、学会員は相手の態度をあらためさせ、創価学会に入会させようとします。公明党への支援依頼では、相手を公明党への支持に誘引しようとします。

どんな正当化の理屈をつけても、これらが相手を操作しようとする営みであることに変わりはありません。

じつは、折伏や公明党支援の依頼は、このような危険ととなり合わせにある。そういった危険への抵抗もなしに公明党支援の依頼などを行ったらどうなるか。相手は敏感に、自分が手段化に巻きこまれようとしていることを察知するでしょう。

「いい迷惑だよ！」とか「そういうの（折伏）、ほんとうによくないよ！」（ぼくの元カノ）と怒るかもしれない。もしくは「この人はわたしのことを、友人ではなく票として見ているのでは？」と疑念をもったりもするでしょう。

学会員からすれば、「そんなふうに受け取る相手は、わたしたちを誤解している！」と反論したいところかもしれません。

でも、そこはおのれを見つめ直してほしい。

そこで相手を責めて相手を変えようとすれば、それはふたたびあなたが、相手を意のままにあやつりたい欲に、みずからをさらすことを意味します。

ぼくは、ひんぱんに内省をくり返してきました。前節で紹介したような内省メモをたくさんとりました。

**ちなみに、内省にはコツがあります。それは「他人に相談すること」です。**

こう書くと、「え？　他人に相談したら、内省にならないのでは？」と思うかもしれません。たしかに、なんらかの答えを他人に出してもらおうという依存心まる出しで相談に行ってしまえば、内省はうまくできません。

しかし、つぎのポイントを意識して相談の場をつくっていくと、相手の言葉が内省に活きるようになります。

・相談に乗ってもらう相手は、なるべく自分から「遠い人」にする
・相談相手の違う考え、価値観、意見を楽しんで聞く

創価学会の悩みについて内省するとき、ぼくは可能なかぎり「創価学会員ではない人」「学会員であっても、その価値観にいい意味で染まっていない人」「広い視野をもっている人」に相談し、その人の言葉を呼び水にして思索を進めていきました。それが、「遠い人」の「遠さ」の意味です。

そうしたほうが、会話が予定調和的にならず、意外な意見や言葉も飛び交うよ

うになるため、それまで知らなかった自分に出会える確率が高まります。

**自分のなかの「意外な自分」を、たくさん知ってください。**
**それができれば、内省メモも充実します。内省も深まります。**
**なぜなら、内省とは、自己内の対話だからです。**
**自分自身と多彩に会話ができれば、内省も彩り豊かになるのです。**

ぼくは、この「コツを押さえた内省」によって、先の恋愛の問題点を1行にまとめることができました。

・彼女を「手段として」ではなく、「人間として」見るにはどうしたらいいか

## 相手を手段として見るのではなく、「ギブ」をしよう

相手を自分の「手段として」ではなく、「人間として」見ること。これは、案外

難しいことです。

ですが、これは宗教2世の処世術全般の基盤になるポイントですので、ここで少しくわしく解説します。

ぼくは人間の「手段化」について、さまざまな精神的格闘をかさねてきました。そのうえで心がけるようになったことは、主に4つです。

・自分が、相手を手段として利用していることを自覚する
・相手を手段として利用した場合は、感謝の気持ちを言動でしめす
・相手が「利用されている」と感じるかどうかは、相手と自分の信頼関係の度合いに左右されるため、信頼の構築を欠かさない
・ギブ＆テイクのうち、「ギブ」を楽しんで行う

宗教活動にかぎらず、人間の手段化は身近なところに潜んでいます。

たとえば、会社であなたが「あの資料、忘れてきちゃった。わたしのデスクに資料をとりに行ってくれる？」と部下にお願いしたとします。これも、資料を手

にするための要員として相手を「利用している」という意味で手段化です。

問題はこれが過剰になったときで、度が過ぎると人にイヤな思いをさせます。

その過剰になる可能性をかぎりなく小さくするために行うべき第一歩の行動が、「自分が相手を手段として利用していることを自覚する」ということです。

自覚があれば、「あ、いまわたし、あの人を使い過ぎてるかも」と気づくことができます。不純なことをしている気持ちにもなります。それが、手段化の過剰に歯止めをかけるのです。

そのうえで、日常から完全に手段化をなくすことはできないことも自覚して、相手を手段化した際には言動で感謝をしめしましょう。

そして、相手との信頼関係を、丁寧にじっくり育てていくのです。

人間関係がしっかりしていると、多少無理なことを依頼しても、「しょうがないなあ」と相手はお願いを聞いてくれます。なぜそうなるかというと、信頼がクッションとなって、お願いされることへの抵抗感などが小さくなるからです。

そこで、最後にギブ＆テイクのうち、「ギブ」を楽しんで行ってください。

世のなかには「ギバー（受け取る以上に与える人）」「テイカー（与えるより多く受け取ろうとする人）」「マッチャー（損得のバランスをとる人）」という3種の人がいます。

ひどいテイカーには、「くれ、くれ」といって相手を利用し、手段化しようとする傾向があります。一方のギバーは、損得勘定《そんとくかんじょう》なしに見返りをもとめず、相手に「ギブする（与える）」人です。

組織心理学者アダム・グラントは『ＧＩＶＥ ＆ ＴＡＫＥ』（三笠書房）のなかで、ギバーは、自分もふくめ、みんなが幸せになることを考えて行動するといいます。「みんなが幸せになる」とは、「だれも犠牲にしない」ということです。本節に引きつけていえば、それは「だれも手段にしない」と換言できるでしょう。

ギバーは基本、相手を信じます。

そこでなにが生じるかというと、相手から信頼されるということが起こる。

すると、そうした人間関係のなかで、相手を利用しようという手段化の波が鳴りを潜《ひそ》めるようになります。「ギブ」を起点に、信頼をもとにした人間の手段化への抵抗が生まれるのです。

なぜなら、信頼関係のある相手を手段として使おうとすると、負い目を感じるように人間はできているからです。


よく「友だちを大切に」といわれますよね。

「大切に」の内実とはなにか。

ぼくにとってそれは、ここで紹介した4つのポイントになります。

ぼくは、幸いにも友人にはすごくめぐまれています。感謝しかありません。

そして、ありがたくも「ギブ」の効能がもっともよく表れたのが、ぼくの転職という大逆転劇でした。

ぼくは友人の手助けによって、厳しかった転職を成就することができたのです。

くわしくは次章でふれますが、ギブの具体例としても参考にしてください。

## まとめ

宗教的な文化や慣習が日常のふるまいに出て、友だちや恋人に不思議がられたり、周囲からイジメを受けたりすることもあります。かといって、こういった宗教由来の特異なふるまいを隠しきるのは、けっこう大変です。

では、うまく生きていくために、なにをすべきか。本章では、イジメられないために自分の強みを活かしたり、宗教的慣習をネタにして溶けこむといったサバイバル術をしめしました。人間関係で失敗したときの内省のコツも提示しました。

もっと大事なこともあります。ぼくと恋人との話題に象徴されるように、「相手を一人の人間として敬《うやま》い、丁寧に接する」ということです。

これらを読者のみなさんに納得してもらいたいと思い、本章ではこの実践の意義をしるしました。また、その具体的実践として、「相手を手段にしない」「相手にギブをする」といった例をあげました。参考にしてみてください。

# 2・3

# 進学、就職、転職 編

## Q. 大学進学について、親から介入を受けて困っています。

## A. ぼくは説得に負けたけれど、人生の大切な判断に妥協はいらない。

宗教2世のなかには、「教団がよしとする生きかた」を幼いころから教えこまれたり、折々の進路選択で周囲から介入を受けたりするなど、進学や就職、転職といった人生の大きな決断で制約を受ける人がいます。

ぼくにも、そういった側面がありました。

第1部で、ぼくはもともと創価大学に行く気がなかったことにふれました。そんなぼくが、なぜ創価大学に進んだのか？

創価高校時代、ぼくはいわゆる「受験クラス」にいました。そのクラスには、創価大学以外の大学への進学を目指す生徒が集まります。創価大学への進学を希望する生徒とは、クラスが分けられていたのです。

ぼくは以前から宇宙開発に興味があったので、目指す大学も宇宙関係に強い大学になります。

志望先は、創価大学以外の大学ばかり。創価大学に行こうとは考えていませんでした。

ところが、そんな進路を夢みていたぼくは、父の説得にあいます。

ある日、神妙なおももちで父が「進路について話さないか？」といってきました。寝室によばれ、対話がはじまります。

「お前、創価大学には行く気がないのか？」

ぼくが「ない」と答えると、父は前傾姿勢になって創価大学のすばらしさを語り、たたみかけてきました。

しかし、当時、創価学会を嫌っていたぼくはそれを跳ねのけて、「俺は宇宙に強い大学に行く」と断言し、部屋を出ていこうとします。

すると、父があらたまった表情でこういってきました。

「これまで、お前の人生について『ああしろ』『こうしろ』とは一切いってこなかった。だが、この願いだけは聞いてくれ。創価大学に行ってほしい。頼む」

長い沈黙が部屋をつつみます。その後も、対話はつづきました。

徐々に、ぼくの心が揺れはじめます。

しかも、創価大学には宇宙開発系のゼミが一つだけ存在しました。そこを目指しての進学は、可能性としてゼロではないのです。

長い一日でした。父は根気強く熱弁してきました。

たしかに、父は放任主義でぼくを育ててきた。その父が襟《えり》を正して、あらたまって「創価大学に行ってくれ」と熱望している。それはそれは葛藤《かっとう》しました。

そしてぼくは父の熱意に根負けして、創価大学に行くことを決めました。

いまから思えば、こういうときこそ自分に正直になるべきですよね……。

ぼくは妥協してしまったわけです。

## 自分の心に嘘をついてはいけない

創価大学への進学は、父以外の人たちからも勧められました。

ぼくは拒否しつづけましたが、周囲の人は、まるでシャワーのように「正木くん、君の進路は創価大学にすべきだよ」という言葉を浴びせてきます。

すると、次第に創価大学が脳裏にチラつくようになっていくのです。

おなじことは、就職にも起こりました。

ぼくは自分の進路をＮＡＳＤＡ（宇宙開発事業団、現・ＪＡＸＡ〈宇宙航空研究開発機構〉の前身となる一機関）にすると決めていました。

ところが、周囲はおかまいなしに「創価学会本部に進んだほうがいい」「正木くんみたいな人材こそ、本部がもとめる人物像だよ」といってきます。

これにも相当、困惑しました。圧力はかなりのものです。

なかには、「三顧《さんこ》の礼」をもってぼくを「職員になるように」と説得してきた大先輩もいました。

「三顧の礼」とは、名著『三国志』で知られるエピソードで、かの諸葛亮孔明《しょかつりょうこうめい》を軍師として自軍に迎えいれるために、武将・劉備玄徳《りゅうびげんとく》が3度にわたって諸葛亮のもとを訪ねた故事に由来する言葉です。目上の人が目下の人のところに何度も出向いて礼を尽くし、そのうえで物事を頼むことをいいます。

ぼくは、結論的に創価大学に進み、創価学会本部に就職することを選びます。就職時のぼくは、もはや立派な大人。いくらまわりの圧力があったとはいえ、それはぼく自身の選択です。

先にのべた、「自分の本音に耳を澄まして、自分の頭で考え、自分に正直に生きよう」という行動原理に、ぼくは反しました。

これは悔やまれました。

とくにうつ病のとき、ぼくは苦しみのなかで後悔の念を何度も抱きました。

本部職員になっていなければ、ぼくはうつ病になっていなかったかもしれない。

創価大学に進学していなければ、本部職員になっていなかったかもしれない。

いまの苦しみは、まわりの圧力に屈したために起きている。

なにをしてきたんだ、俺よ――。

悔恨《かいこん》を振り払うようにして、やがてぼくは学会本部を退職します。

そのことを思うと、ぼくは複雑な気持ちになります。「すべては自己責任だ」といわれれば、それまでなのですけれど……。

やはり、ぼくは思うわけです。

自分に嘘をつくのはほんとうによくない、と。

一部の宗教2世が教団や親から受けていることの一つに、「信仰を理由にした学業や職業選択の自由の制限」があります。

ぼくの経験は、それとは質も度合いも異なりますが、それでも苦衷《くちゅう》は筆舌に尽くしがたいレベルでした。

それを思うと、宗教2世の被害の深刻さに体がふるえます。

Q.

## 進学や就職などを理由に、宗教から離れようとすると家族が大反対します。

A.

## ぼくの場合は転職時、一歩も引かずに正面から親とむき合いました。

宗教2世の場合、進学や就職などの理由で信仰する宗教から距離を置きたいと思っても、親をはじめとした周囲の壮絶な反対にあう人が多いようです。

実際、ぼく自身もそのような経験をしています。

ぼくが「学会本部をやめたい」とはじめて口にしたのは、35歳になる年です。最初に気持ちを打ち明けたのは、妻でした。もちろん、速攻で反対されました。

「やめるって、やめてどこに行くのよ！」

学会本部を退職するということは、学会員の間では、とんでもない負の記号になり得ます。

実際、やめたことが周囲に広がると、ぼくは、頭がおかしくなったのではないかと疑われました。「学会本部に反逆するのでは」と警戒され、あらぬ噂も立てられました。村八分《むらはちぶ》の扱いも受けました。ネットでも散々、攻撃されました。

要するに、創価学会内での居場所がなくなってしまうのです。

また友人に相談したときには、「やめたら、どうやって食べていくんだよ」といわれました。

つぎにみんなが想像するのは、「転職の困難さ」「生活の維持の困難さ」だったようです。

「やめる」と告白したとき、母は「なんで!? あんた、奥さんも子どももいるのよ。家族の人生を地獄に落としたいの!?」と反応。父も「いますぐ考え直せ」といってきました。

涙を流して反対する人もいました。

ひどいときには、阿鼻叫喚《あびきょうかん》といえるようないい争いにも発展。賛成してくれる人は、一人もいません。

この時期、一気に四面楚歌《しめんそか》、孤立状態になったことをよく覚えています。

反対する人のなかでも、もっとも反対したのが父です。

「お前は創価大学30期生の幹事をしている。そんなお前が本部をやめるとなったら、仲間に動揺が広がる。お前に励まされてきた人たちはどう思うのか」

「お前の仏教の知識は、学会本部職員のなかでも比類のないレベルだ。その力は、創価学会に教義面でぞんぶんに貢献できる。俺はお前が学会の教学（教え）をより堅固に構築していくリーダーになると思っている。学会のこれからを考えたら、お前の力が必要だ」

しかしぼくは、やめるという結論を変えるつもりはありませんでした。

学会本部のなかにいると、自分に嘘をつくことになる。今度こそ、それがゆるされないのです。

このとき、すでにぼくの生きかたは変わっていました。少なくとも、自身の本音に耳を澄ませることができていた。転換点は、ここにあります。

## 最後まで退職に反対した父が納得した、ぼくの一言

ケンカが沸騰《ふっとう》したある日、父からこんなこともいわれました。

「やめるも地獄、やめないも地獄だぞ」

「俺はお前を支持しない。もしやめるなら、なにも手伝わない。一人で転職ができるのか？　厳しいぞ。無理だ」

脅していますよね。

それでも、ぼくは引きませんでした。

このときに駆使したのが、第1章で紹介した親との和解や互いの理解の懸《か》け橋を生みだす3つのポイント、①「エンパシー」をもって親と接する、②他人ゴトのように自分ゴトを見る、③「やられたら受けいれ、認める」コミュニケーションの型を駆使する、という対話の手法です。

それでも、父に納得してもらうまでには1年の時間を要しました。父は最後ま

で、こういってきました。

「俺は、お前に学会の教学を担ってほしい。お前しかいないんだ。頼む」

ぼくは、静かな口調で返答します。

「オヤジはさ、俺に『オヤジが思うとおりの人生』を歩ませたいの？　俺の人生はオヤジのものなの？　それは、オヤジのエゴだよ。俺の人生は俺のもの。俺は『俺が思うとおりの人生』を生きたいんだ。わかってくれ……」

しんと静まり返る家のリビング。

長い、沈黙。

そののち、父がようやく口を開きます。表情は、少し柔和になっていました。

「わかったよ」

そして、「たしかにそれは俺のエゴだ。お前の気持ちと決意はわかった。もうなにもいわない」とつづけました。

創価大学への進学、学会活動への参加、学会本部への就職――。

これまで、親や周囲の説得によって自分の思いに反した決断を下してきたぼくが、このときようやく「自分の本音に耳を澄まして、自分の頭で考え、自分に正直に生きよう」という人生をスタートできた。
この一歩は、現在まで価値を輝かせています。

自分で決めた行動原理に従う。
それは、ぼくにとっては遠く、そして困難な道のりでした。
でも、達成できました。
きっと、あなたにもできると思います。
どうか、希望は捨てないで。

Q.

信仰一辺倒の生活から脱出したけど、転職活動がうまくいかずにつらいです。

A.

苦労はするけど、ギブに徹すればご縁で道が開けることもあります。

学会本部から一般企業へ。それは、苦しい旅程でした。

手法としては、ごくふつうの方法をとったと思います。

履歴書と職務経歴書をたずさえて、転職サイトに登録。たくさんの会社にエントリーして、書類選考に臨みました。また、転職エージェントにもお願いして、ぼくに合いそうな企業を紹介してもらうことにしました。

ところが——というか、やはりというか——、ことは簡単には運びません。

転職活動は、父がいっていたとおり地獄でした。この地獄をまったく想像できなかったあたり、ぼくの感覚は相当に一般世間とかけ離れていたと思います。

とくにぼくは、創価学園、創価大学、創価学会本部と進んできました。創価学会の世界のなかだけで生きてきた人間ですから、自分の強みを一般企業にどうアピールしていいのか、わかりませんでした。世間知の欠如や一部の宗教差別などが、転職をとても難しくしていたのです。

まず、エントリーした会社ですが、音沙汰《おとさた》はまったくなし。どれだけ待っても一向に書類選考が通りません。エントリーした企業の数は、それこそ200社を超えていましたが、鳴かず飛ばずの日々がつづきます。

どうして？

ぼくにはそもそも、新卒時にふつうの就職活動をした経験がありません。当時、世間でよく聞かれた「書類選考で落ちつづける」という経験もありません。いわば免疫がなかったのです。

だから、ぼくは落選つづきに戸惑い、落ち込みました。

「自分は世間から必要とされていないのでは」と、疑心暗鬼《ぎしんあんき》になりました。

## 苦戦つづきのなか、唯一見えた光明がまさかの……

しかし、天は味方にもなってくれます。

ある日、1社だけ書類選考に通ったのです。思わず小躍りするぼく。入念に準備をし、面接にむかいました。が、面談の場で瞬時につまずきます。

「正木さんは、35歳を超えてマネジメント経験はないんだよね。プレイヤーとしてKPIはどう追っていたのかな」

「はい。えっと、お聞きしてもよろしいでしょうか。KPIってなんですか」

思わず苦笑いをする面接官（ちなみにKPIとは、「重要業績評価指標」のことです）。その後も2、3、質問されるも、ぼくの答えはおぼつきません。

「宗教法人の職員として磨いたスキルで、わが社で活かせそうなものは？」

「正木さんは、わが社でどんな価値を発揮できるかな？」

面接官の問いにたいし、しどろもどろになるばかり。それを見て、面接官が苦笑します。そして決定的な一言を放ってきました。

「君は……布教活動でもしていればいいんじゃないのかね？」

これはショックでした。

社屋をあとにすると、撃沈したぼくに冷たい雨がふりそそぎます。自然と涙が出ました。

そんなとき、携帯電話が鳴ります。エージェントからのひさしぶりの連絡です。じつはエージェントのほうでも、ぼくの転職先を探すのに相当苦労していたようでした。

ですが、「ついに見つかった」と彼はいいます。

胸が、熱くなりました。

「正木さん、この会社なら、これまで培ったスキルが活かせそうです」

「うれしいです！　どちらの企業さまでしょうか」

「宗教法人〇〇の専従職員です」

べつの宗教法人……職務的にいえば……競合!?

ぼくは血の気が引き、体がふるえました。

## 転職活動は八方塞《はっぽうふさ》がり、なにをしてもうまくいかない

正攻法だけでは転職は望めない――。

そう腹をくくったぼくは、その後、異業種交流会に顔を出すようになります。

これも淡過ぎる期待なのですが、ヘッドハントされる可能性も「なきにしもあらずだ」と思っていたのです。しかし、思惑はいきなりくじかれます。

ある交流会の2次会が居酒屋で行われました。15人くらいがテーブルを囲んでいたと思います。ひととおり自己紹介が終わり、歓談。

そこで〝事件〟が起きます。

ぼくがあらためて「創価学会という宗教団体の職員をしています」と語ると、正面に座っていた弁護士がこうつぶやきました。

「俺は創価学会にいい印象を抱いていない」

瞬間、ぼくは固まります。彼は、かまわずにつづけました。

「創価学会の強引な勧誘は、世間では非常に評判が悪い。不評について、あなたたちはどう思っているのか。迷惑だと思わないのか」

ぼくは、とっさにいい返したくなりました。でも、険悪な空気をこれ以上長引かせたくないと思って、黙ってやり過ごしました。

当然ながら、その後の交流会で「ぜひ、うちの会社に来なよ」といった話は出てきません（いまから考えれば、あたりまえ過ぎることなのですが）。

ただでさえ転職活動で心が折れそうになっていたところに、この一発。

ダメージは相当です。

転職サイトにエントリーしてもダメ。

転職エージェントに頼んでみてもダメ。

異業種交流会に参加して、人脈を広げてもダメ。

友だちのつながりなど八方手を尽くしたけれど、それらも全部ダメでした。

悲しいかな、ぼくには転職市場での需要がなかったのです。

一般企業で活かせるようなスキルを、うまくしめすことができなかったのが原因だったと思います。

## 宗教とは違う世界の人間関係がご縁を運んでくれた

「教団本部に残るしかないのかな」。そんな思考が脳裏によぎる毎日。

でも――。

「でも、でも、でも、自分に嘘をつきつづけて本部にとどまるなんて、どうしてもできない。教団組織に違和感を抱いてしまった自分にとって、『残留』はつらすぎる！」

ぼくは、ジレンマに苦悩しました。

そう呻吟《しんぎん》しているうちに、ひょんなことから光明がさすことになります。

ぼくはじつは、当時かかっていたうつ病と闘病しつつ、精神疾患を抱える人やメンタルに悩む人たちの相談に乗る「メンタル相談室」を開いていました。心に不調をきたした人の声を聴き、医師や医療機関につなげる活動です。

きめ細かな心配りが必須なため、体力や知力を必要とするけれど、うつ病の経験を活かせることもあり、これがぼくの生きがいになっていました。

そんなぼくが、ある日、いつもなら相談に乗る立場なのに、思いあまって相談者に転職活動について話を聞いてもらったことがありました。

「あまり周囲にはいっていないことなんですけど、じつは転職を考えているんです。でも、行き先がまったく見つからなくて、ほんとうに困っていて……」

すると、相手から思わぬ言葉が返ってきました。

「ぼくの親戚が会社を経営しているのですが、ちょっと聞いてみましょうか。正木さんには、これまでよくしてもらっています。恩返しさせてください。親戚に相談してみます。転職の条件はありますか？」

彼の言葉に、ぼくは耳を疑いました。

そして、すかさず反応。

「えっ⁉　いいんですか⁉　それはありがたい……。条件なんて、そんな、全然ないです。お話をもっていっていただけるだけで、感謝しかありません」

「では、しばらく待っていてください」

## 意外なご縁が窮地《きゅうち》のぼくを助けてくれた

万策《ばんさく》尽きたと思っていたときに、一発逆転の可能性。喜びに胸が高まります。自分を偽らずに生きたい。もとは、この願いからはじまった転職活動でした。この願望は、もしかしたら多くの人にとっての人生のテーマかもしれません。『死ぬ瞬間の5つの後悔』（新潮社）という本があります。同書によると、死を目の前にした人が抱く後悔は、基本的に、自分の本心にむき合わなかったことに起因するようです。

自分に正直に生きたいという願い、また、そうやすやすと生きられない現実での挫折感《ざせつかん》には、どこか普遍性があるのだと思います。

ぼくは、その挫折感を宗教的な変性バージョンで味わいました。

ふつうではない経験ではありますが、最後の最後に「おのれ自身に忠実であれ」という道を選び、その第一歩を転職からはじめたのです。

「恩返しさせてください。親戚に相談してみます」という言葉から1カ月。突然、人事の方から電話がかかってきました。

「弊社にて、ぜひ面接をさせてください」

ぼくは、跳び上がって喜びました。気持ちも引きしまりました。

きちっとしたスーツに身をつつみ、面接に臨みます。

超高層ビルのなかにある会社のエントランスがまぶしかった。

「こんなところで働けたら……」

それが、この面接の2カ月後に現実になります。

初の転職活動が成功し、ぼくは中途入社の社員として歓迎され、仕事を開始することができたのです。

「正木伸城と申します。どうぞ……よろしくお願いいたします！」

入社時に社員のみなさんの前であいさつをしたとき、ぼくは涙をこらえきれませんでした。その前後に確認した話ですが、今回の転職には、（父もふくめ）さまざまな人が尽力してくれていました。感謝しかありません。

「情けは人のためならず」といわれます。ほんとうにそうだと思います。

情けは相手のためではなく、めぐりめぐって自分のためになる。これはじつは、前節でふれた「ギブ」の効能でもあります。

ぼくは、何人もの友人の話を「メンタル相談室」で聞いてきました。まさにギブに徹してきました。

それが、さまざまな縁のなかで化学反応を起こし、転職の成功につながったのです。

**それは、一見すれば「そんなことになんの意味があるの？」と感じられるような取り組みです。**

**ですが、利害やメリット、損得などを気にせずに、利他の行為を展開するなら、潤沢なめぐみがあなたにもたらされるでしょう。**

## まとめ

信仰を理由に、人生の大切な選択肢を制限されてしまう宗教2世がいます。

進学、就職、転職――。

ぼくも、周囲からさまざまな〝圧力〟を受けてきました。

宗教2世のなかには、信仰的な使命感ではなく、「親を喜ばせたいから」、あるいは「親を悲しませたくないから」と自分の進路に制約をかける人もいます。

ただ、ぼくは自分の来しかたをふり返って、あらためて思います。自分の人生、自分でハンドリングして、自分に正直に生きるべきだった、と。ぼくは、そのように生きられるようになるまでに二十年もの時間がかかりました。

自分を偽って生きるのは、つらいです。苦しいです。

あなたは、そのまま生涯を終えると考えるとしたら、どうですか？

本章が、あなたが本音で生きるための後押しになれば、うれしいです。

# 2・4

# 信仰活動

# 編

Q.

## 教団の布教活動が、人に迷惑をかけているようで、やりたくありません。

A.

## 自分がされたくないことは、人にもしないようにしましょう。

特定の教団を名指しはしませんが、たとえば、親子で連れだって、学校のクラス名簿を片手に、同級生の家々を戸別訪問し、布教に歩く宗教があります。

そういった布教活動に抵抗感を抱く宗教2世も、少なくありません。

布教から帰ったあと、その宗教2世は「友だちに迷惑かけちゃったな……」と思うわけです。

布教は、いいと思う。でも、相手がイヤがることはしたくない。

こういったジレンマを抱える宗教2世も、少なからず存在します。

ぼく自身が、まさにそうでした。

学会活動をしていても、創価学会員ではない人（ここでは「外部の友人」と表記します）がイヤがることをせざるを得ないときがありました。

ぼくが昔付き合っていた彼女に折伏《しゃくぶく》をしてイヤがられたことは先にのべました。それ以外にも、公明党支援のために外部の友人に電話をかけたり、「聖教新聞を購読してくれないか？」と頼んだりしたとき、やはりイヤがられたことが多々ありました。

人間関係がそこまで深くない人もふくめて、わずかでもつながりのある外部の友人に総当たりをすることが、学会組織では行われていました。

それこそ、卒業アルバムの名簿に載っている同学年の全員にアポイントをとるような感じです。

これで、だれにもイヤがられない、なんてことはまずあり得ません（学会員でない読者のみなさんから「そりゃそうだ」という声が聞こえてきそう……）。

ぼくは、なるべく相手にイヤな思いをさせないよう、せめて信頼関係をしっかりつくってから、折伏や公明党支援の依頼をしようと努めてきました。そのほうが相手からの反発も少ないのです。

しかし、活動の現場は「成果主義」に追われています。外部の友人との信頼関係の構築は、まったく間に合いません。

ぼくはジレンマを抱えつづけました。

また、たとえば創価学会のリーダーは、自分が担当する組織の所属メンバーの家々をまわる「家庭訪問」という活動をしています。仲間のお宅を訪問して近況を語ったり、会合に誘ったりするのです。

その際、相手が学会の信仰に消極的なメンバーだった場合には、アポイントなしで相手の家を訪問することがあります。事前にアポイントをとってしまうと、相手が（学会のリーダーと会いたくないので）外出してしまう可能性があるからです。

こうしたアポイントなしの訪問も、メンバーからイヤがられました。

## 自分がされたくないことは、相手にもしてはいけない

中国の有名な古典『論語《ろんご》』（岩波書店）には「己れの欲せざる所、人に施すこと勿《な》かれ」という有名な句があります。ここではシンプルに「自分がされたくないことは、人にもしてはならない」という意味でとらえてください。

ぼくは、これは真理だと思っています。というか、こんなことはわざわざ書くまでもないレベルの話でしょう。

それだけに、そうできない自分に悩みました。だから、その都度、ぼくは懺悔《ざんげ》しました。

学会員のなかには、「いや、折伏という正しい行為を『してあげている』んだから、いつか相手はその真心に気づくよ」という人もいましたが、ぼくにはそういった自己正当化が肌に合いませんでした。

信仰活動から離れたいまも、ぼくは懺悔しつづけています。

Q.

教団の過度な成果主義に身も心も疲れ果ててしまいました。

A.

過度な成果主義に疲れ果てたとしても、慣れてはいけません。

創価学会では、地区や支部、本部といった組織単位ごとに目標を立てて活動を行います。折伏の数や、外部の友人が聖教新聞を購読してくれた数、公明党への支援を外部の友人にお願いした数、実際に投票してくれた数といったものを、「成果」として追いかけるのです。

それが過剰な成果主義となって、少なくともぼくの知る地域では、学会員をかなり悩ませていました。

宗教2世である菊池真理子さんが書いた『「神様」のいる家で育ちました』（文

藝春秋）という本には、創価学会員と思われる女性（著者のお母さん＝菊池さん）が、まさに聖教新聞の購読依頼の数に追われる姿が描写されています。

菊池さんが所属していた組織は、その月の目標が未達だったのでしょう。「数を出さなければ」と焦る2人の学会員の横で、菊池さんが新聞の依頼を4件達成してみせました。

すると、2人の学会員は安堵《あんど》。「またよろしくね」といいながら、すぐにその場を立ち去りました。

その直後、菊池さんは叫びます。

「私がどんな思いで頭を下げてると思ってるのよ!!」

そう、本の中の菊池さんは目標を達成するために、「なんとか1カ月だけでも……」と新聞をとってもらうよう、何度も頭を下げて、お願いしていたのです。

成果主義が苛烈《かれつ》になると、そういったプロセスはあまりかえりみられず、数字だけが注目されたりします。菊池さんは、精神的に不安定になっていきました。

これが、成果主義の弊害《へいがい》です。

## 過度な成果主義がみんなを不幸にしている

このような状況を、いったいだれが望んでいるのでしょう?

たとえば、創価学会の幹部で集まって飲み会をしたときのこと。

ざっくばらんにみんなで盛り上がるなか、ぼくは「学会の成果主義って行き過ぎだよな」といいました。

すると、その場にいた全員が同意してきます。

つづけてぼくが、「成果主義で数字ばかり追って、外部の友人にはイヤな思いをさせて、創価学会も嫌われて、学会員自身も苦しい思いをして。こんなの、早くやめたほうがいいよ」と語ると、みんなはやはり「そうだよな」「俺もそう思う」と賛同してきました。

多くの幹部は、成果主義に辟易《へきえき》していたのです。

でも、そうはいっても、みんなが「そういうものだからさ」といって済ませてしまう。

「成果主義、変えていこうぜ」というふうにはならない。

多くの人が望んでいない成果主義が、だれも反対しないがゆえに、現場に横行していたのです。

ぼくはそういった現状を見るにつけ、「このままではいけない」と思うようになりました。

少なくとも、この現状に「慣れて」はいけないと感じました。

そう、慣れてはいけないんです。絶対に。

Q.

# 教団の組織運営に、疑問をもつことが増えてきました。

A.

# 信仰活動で、「知的に考える」ことをやめないでください。

これは創価学会という組織にかぎらずですが、たとえば「過度な成果主義」といった組織の課題を見つけた人が、「そういうものだから」「これまでもそうだったから」といってそれらを見過ごしていくうちに、もともと課題にたいして抱いていたはずの「イヤな気持ち」に不感症になっていく、ということがあります。あたかも、成果主義への違和感を忘れたかのように、です。

そして、ほかの人が感じている「イヤな気持ち」を察知することもできなくなっていく。

こういう人が増えると、課題解決は遠のくばかりです。

「そういうものだから」「これまでもそうだったから」といった発想は、やがて「そんなに考え過ぎると、つらくなるよ」などと、改革を志す人への言い訳を生み出します。

これを放っておけば、組織は無抵抗者でいっぱいになってしまいます。

## 思考停止に陥るのがいちばん危険だ

たしかに、課題を解消しようとして「考える」のは「つらい」ことではありません。負荷がかかります。

けれど、だれかが「それ」について考えなければ、問題はずっと残りつづけるかもしれません。ぼくは思索し、いろいろな人に相談もしました。みんな、問題意識は共有してくれるものの、行動を起こそうという人はいません。

学会の幹部仲間からは、「そういうことは『上』が考えてくれているから、俺らはそれに従っていればいいんだ」という声も聞かれました。

「考える」ことは創価学会の上層部にまかせて、現場はその判断に唯々諾々《いいだくだく》としていればいい、というのです。

第2章でぼくは、アーレントの議論を踏まえ、現場が思考停止をし、「まわりがそうしてるから」という理由で組織の行動原理に従うことが、組織メンバーの同質性を高め、全体主義を生むという話をしました（88ページ参照）。

こうした状況は、成果主義という課題について「そういうものだから」といって済ませてしまい、それ以上、深掘りせずに思考停止をし、「まわりがそうしているから」といって成果主義を推進しつづけている事態と重なって見えます。

しかも、そういう空気が蔓延《まんえん》した組織は、リーダーへの依存度が強まります。

「そういうことは『上』が考えてくれているから、俺らはそれに従っていればいいんだ」という言葉は、そんな依存を表す言葉ではないでしょうか。

この状況は、権力がほしいままにふるまうことを、また権力の暴走を、組織にゆるしてしまいます。人類の英知の蓄積は、そこに警鐘《けいしょう》を鳴らしてきました。

ぼくは、その知の結晶に耳を傾けました。


学会員はときにいいます。

「日蓮仏法《にちれんぶっぽう》を正しく実践する組織だから、おかしくなることはない」

「池田先生がつくられた組織だから、大丈夫」

創価学会は鎌倉時代の僧・日蓮の系譜をつぐとされる宗教団体です。

その仏教の力があるから、また池田大作氏が指揮を執ってつくった組織だから、おかしなことにはならない、というのです。

ぼくは、そうやって日蓮や池田氏を過度にブラックボックス化して、自分たちの絶対性を手放しで肯定してはならないと考えていました。

いい意味で人間を信頼せず、なにか問題が生じる前に対策を講じるのが筋だと思っていました。

## 人間はみんな不完全。だからこそ考えつづけよう

「南無妙法蓮華経《なんみょうほうれんげきょう》」を唱える人の集まりの創価学会であっても、結局は不完全な人間の集まりに過ぎません。その不完全な人間が創価学会という集合体や組織体になった途端、完全になるとは思えないのです。

だからぼくは、知的に考えることをやめませんでした。

**知的吟味《ぎんみ》は、「これは妥当だよね」「これはおかしいよね」といった理解の腑分《ふわ》けを、ときに助けてくれます。**

**それが、あなたの人生をより豊かにすることがあります。**

しかし、教えの絶対性に居直ってしまえば、そういった知の恵みを体感できる可能性は減ってしまいます。それでは、もったいない。

ちなみに——この知的営為は、のちに創価学会の信仰世界を離れるときに役立ちました。

## Q.

## 「アンチの声には耳を傾けるな」と教団から、いわれました。

## A.

## アンチの声を、自分のなかでうまく活かす方法もありますよ。

新宗教のなかには、「教団外の人はサタンだ。話を聞いてはいけない」といったことを教えているところもあります。とくに、「アンチの声には耳を塞ぎなさい」というのです。

しかし、それでもアンチに出会ってしまうことがあります。そんなとき、どうすればいいか、ぼくの一例をしめしましょう。

ぼくが学会活動にハマりはじめたころ、インターネットの世界では創価学会にかんする「2ちゃんねる」（当時）などの掲示板やスレッドが立ち上がりはじめていました。ブログでも創価学会の批判をする人が出てきていました。

そういった情報にふれたとき、最初はイヤな気持ちになったことをよく覚えています。学会のことを悪くいわれると、喉《のど》の奥がキュッと締めつけられるようになるのです。

ですが、途中でぼくは「2ちゃんねる」などのネットのアンチ情報に価値を見いだすようになります。

よく読んでみると、書きこみのなかには建設的な意見も散見されたからです。

一見して暴論のように読める批判のなかにも、耳を傾けるべき組織改善のヒントがあることもありました。

ぼくはそこに気づいてから、積極的に「2ちゃんねる」や批判ブログなどを見るようにしました。

そこで得た考えによって、「違和感リスト」を補強したことも、一度や二度ではありません。

## ネットの意見を利用すれば、独りよがりにならない

ビジネスの世界でも、Ａｍａｚｏｎレビューの低評価のコメントから、商品の改善点を抽出することがありますよね。それに似た作業として、ぼくはネットの閲《えつ》覧《らん》をしていたのです。

また、ネット上でさまざまな批判者に出会うことで、たとえば組織的に「よかれ」と思ってなされたことについて、「そういう（ネガティブな）受け止めかたもあるのか」と、新たな視点を教わることもありました。

わたしたちは、生活のなかで「あなたのため」と思ってさまざまな行為におよびます。

しかし、それがほんとうに「その人のため」になっているかというと、実際にはそうではなかったということも少なくありません。

自分の「よかれ」が、相手にとってはそうとはかぎらない。そういったケースが、学会活動においてもたくさんあります。

そのことを思い知ることで、ぼくは自身の考えかたや意見が、独りよがりにならないための知恵を身につけていきました。

ネットにある情報はもちろん玉石混淆《ぎょくせきこんこう》ですけれど、ぼくはネット上の創価学会批判を定点観測し、視野を広げました。

ただし——この取り組みは、精神的に耐えられない人もいると思うので、無理はしないでください。

やはり、所属教団やもといた教団の悪口を見るのは、人によってはつらいものですから。

Q.

なんのために信仰をしているのかわからなくなり、つらいです。

A.

思いきって信仰活動から離れましょう。ゆっくり休める状況をつくって。

学会活動をしていて、なんのために信仰をしているのか、わからなくなることがあります（ありますよね？）。

創価学会にかぎらず、新宗教にはさまざまな教えが存在していて、それらは「こうふるまうべきだ」「こうしなければならない」といった行動規範を与えてくれます。

一方で、その「～すべき」や「～ねばならない」が、日常生活や信仰上の態度、信仰活動のすみずみに影響するため、信者に心理的負担をもたらすことがあります。それで疲れてしまうのです。

そんなとき、あなたならどうしますか？


ぼくは、1カ月間くらい学会活動から離れました。創価大学生時代のことです。ほんとうは先輩に相談して許可を得てそうすべきだったのでしょうが、先輩は「お前、なに勝手なこといってんだよ！」というので、「なら、無許可で逃げよう」と決めて逃走しました。


そこで、なにをしたか？

大自然に身を浸し、自分とむき合う旅に出たのです。

忘れられないのは、富士山の五合目で、寝っ転がりながら星々を眺めたときのことです。

心が、じわりと溶けていくのを感じました。

そして、悠久《ゆうきゅう》の歴史に思いを馳《は》せました。

星々には、何十億年もの時間が刻まれています。

宇宙にも138億年の歴史があります。

その長さにくらべれば、ぼくの人生なんて、一瞬です。

人類の歴史だって、たかだか20万年前後しかありません。

宇宙から見れば、まばたきくらいのものでしょう。

地球は、広い。

広い、けど、アンタレスやベテルギウスなどの恒星にくらべたら、その大きさはミジンコ以下の、ほとんど目に見えないくらいのものでしかありません。

その小さな地球のうえにある、ごく小さな島国の日本の、創価学会というわずかな人の集まりのなかで、ぼくは悩んでいる。

そう思うと――。

「ちっぽけだなあ」と、笑えてきます。

みずからの苦悩も人類の営為も、とても、ちっぽけだ。

そう思えて気がラクになりました。

## 思索の余白をもって、思いつめ過ぎないように

そして、こうも感じました。

人は、意外と簡単に物事をとらえる視野を狭くして、「～しなければならない」で自分を縛ろうとする。考える余裕がなくなると、とくにそうなりがちだ。

だから、思索の余白はつねに担保しておいたほうがいい。いたずらに強迫観念《きょうはくかんねん》にとらわれずに、認識を変えてラクになったほうがいい――。

そのための具体策として、ぼくはつぎの2つを提案します。

- 一生懸命走っている状態から少し離れてみる
- 自分が無理をしていないか、自己点検をしてみる

これらを実践したとき、ぼくは「ま、なるようになるさ」と開き直ることができました。すると、ぼくの内側からふつふつと元気が湧いてきます。

哲学者ニーチェは『哲学者の書』（筑摩書房）のなかで、大要、こんなことをいっています。

地球という辺鄙《へんぴ》な惑星に、知性をもつ動物がほんの一瞬生まれたが、すぐに消滅した。宇宙はただただ大いなる静けさにつつまれ、（人類の栄枯《えいこ》盛衰《せいすい》など）なにもなかったかのようだ。

宇宙を思えば、人類の繁栄《はんえい》など一瞬の夢のようなものです。人類がどうだとか、創価学会がどうだとかいっても、「もともとなにもなかった」に等しい。

こう考えると、ぼくの気持ちはラクになりました。

こういうときに、ぼくは「聖なるもの」を感じて、祈りをささげます。

しんしんと、やさしく、しんしんと。

すると、心の厚みが増していく感じがします。で、体に力が湧いてきて、「よし、やるか！」と思えるようになるのです。

みなさんも、宗教活動に疲れたときは、少し離れてみるといいかもしれません。

Q.

布教活動を頑張っていますが、なかなか自分の成長を実感できません。

A.

上から目線で教えを説くのではなく相手から学ぶ姿勢を大切にしよう。

先に創価学会の「家庭訪問」という取り組みについてふれました。

学会員にもさまざまな人がいます。お金持ちもいれば、貧乏な人もいる。信仰に熱心なメンバーもいれば、消極的な人、学会活動にまったく参加しない人、信仰に反発している人もいる。

訪問する先の家庭もいろいろです。ゴミ屋敷のような家もあれば、老々介護で家の掃除がほとんどできず、床にしらみが這《は》っているような家もありました。

そういった家々を訪問するなかで、ぼくは多彩な考えかた、価値観、家庭環境にふれてきました。そして、それぞれの人や状況に合わせて、仲間の心に希望の灯をともす言葉をつむいできました。

すると、自分の視野が広がっていきます。成長もします。これは、学会活動をする最大のメリットの一つだとぼくは思っています。

ただし、なんの考えもなしに家庭訪問をしても、成長はかぎられます。あることを意識しながら家庭訪問をすると、飛躍的な成長につながりました。ポイントをつかんだぼくは、それを踏まえて家庭訪問をくり返しました。

そのポイントは、つぎのとおりです。

**結論ありきのコミュニケーションはせずに、純粋に対話をすること。**

そもそも家庭訪問には、多くの場合、目的があります。

近々開催される会合への参加の約束をとりつけるとか、相手に折伏《しゃくぶく》をうながすとか、公明党への支援協力を許諾《きょだく》してもらうとか。大抵の家庭訪問は、最終的にこういった目的を達成し、成果を出すことを目指すのです。

目的がある家庭訪問では、現場で「結論ありき」のコミュニケーションが生まれます。訪問先の相手を、自分の目的へと誘引しようとするわけです。最初は「最近どう？」という話題から話をはじめても、そのアイスブレイクはかりそめの雑談に過ぎません。

そのうち「今度、会合があってね。参加してほしいんだ」という方向に会話の内容を移していきます。で、家庭訪問の目的である、「相手から会合参加の約束をとりつけること」を達成しようとするのです。

こういうコミュニケーションは、相手に影響を与えて思いどおりの成果を戦略的に手に入れようとするものです。特定の成果を目指すことに重心が置かれるコミュニケーションを、ここでは仮に、「ダメな会話」とよぶことにしましょう。

他方で、コミュニケーションのなかには、相手とわかり合ったうえで、相手の納得と承認を得て合意に達するものもあります。これを「豊かな会話」とよぶことにします。こちらは、いわゆる「対話」に近いものといえます。

この会話の2類型は、哲学者ユルゲン・ハーバーマスの『コミュニケイション的行為の理論』（未來社）を参考にしました（同書には、コミュニケーションの2類型として「戦略的行為」と「コミュニケーション的行為」が出てきます）。

## 社会全体で「豊かな会話」が減っている

ぼくは、現代は「豊かな会話」が減っている時代だと考えています。社会がどんどんシステマチックになっていくなかで、目的合理性や効率性が優先され、「ダメな会話」が支配的になってきている。ハーバーマスも、これと似た議論を展開しています。

そんな戦略性に満ちた会話を、「ダメな」という言葉で形容したことには意味があります。

なぜダメかというと、「ダメな会話」には、相手を目的達成の手段や道具として利用しようとする側面があるからです。それは「相手を意のままにあやつりたい」という欲望の表れですし、相手を手段化する行為です。その危険性については、第2章でのべました。
もちろん、「ダメな会話」は必要なものではあります。それが役立つ場面も多い。そもそも社会は、とくに資本主義社会は、「ダメな会話」のほうが巧みです。社会の営みを止めるわけにはいかないので、そこは否定しません。

そのうえでぼくは、「豊かな会話」を増やすことで、社会に潤いをもたらしたいと考えています。

「豊かな会話」には、合理性や効率性、生産性などでは測れない、人間としての価値を大切にする思想が息づきます。

そんな会話に身を浸すとき、人は「あ、わたし、大切にされてる！」と感じるのです。

人間の手段化とは正反対の、人間を人間として見る構えが「豊かな会話」にはある。それを大切にしたいのです。

ぼくは学会活動として家庭訪問をかさねるなかで、この豊かさを追求しました。

人間の「人間らしさ」、また一人の人間の「その人らしさ」が開花するように、結論ありきではなく、ざっくばらんに語らいました。

## 結論ありきの会話をやめたら見えてきたこと

「ダメな会話」のダメさについて、もう一言、付けくわえたいと思います。

「ダメな会話」をつづけていくと、目的の達成が優先されがちになるため、コミュニケーションを通じて相手からなにかを「学ぼう」という意識が弱まっていく傾向があります。

それでは、もったいない。

**人間、万人が〝教科書〟です。**

**作家・吉川英治ふうにいえば、「我以外皆我師《われいがいみなわがし》」です。**

たとえば、ぼくがAさん宅に家庭訪問に行くとしましょう。

かつてのダメなぼくなら、おそらくAさんを「感化すべき」「教化すべき」「みちびくべき」対象だと見るはずです。まさか自分が、相手から「感化される」「教化される」「みちびかれる」側になるとは夢にも思いません。

これを、救うという言葉で図式化するとしたら、ぼくが「救う側」でAさんが「救われる側」になります。

イメージ的にいえば、ぼくが「上」でAさんが「下」という権力関係が発生するかもしれない。こうした関係のなかで、救う側が救われる側から学ぶ、ということにはなかなかなりません。

そんなマインドで、Bさん宅、Cさん宅、Dさん宅を家庭訪問していくと、どうなるでしょうか。

本来、Aさんも、Bさんも、Cさんも、Dさんも、それぞれが個性をもっていて、それぞれから学ぶべきことがあるはずです。おのおのが異なる価値観や考えかた、意見をもっています。

それぞれの相手から真摯《しんし》に学べば、ぼくの視野はもっと広がるはずです。

ところが、「ダメな会話」では、ぼくはその機会を逃すことになります。

学会員の全員が、家庭訪問で「ダメな会話」をしているといいたいわけではありません。ですが、「ダメな会話」をまったくしたことのない宗教活動家は、おそらくあまりいないでしょう。

ぼくは、家庭訪問においては可能なかぎり「結論ありき」を避けるようにしました。そして、相手の本音に耳を傾けるようにしました。

## 布教でも、相手から学ぶことはたくさんある

家庭訪問でぼくが相手と語らったことといえば、人生のこと、将来のこと、生きる目的、信念、最近あったおもしろい話、うれしかったことなど――。

これらを、目的もなく、とつとつと語り合うのです。

この「豊かな会話」の追求は、いまも実践中です。すると、対話相手がほんとうに、ぼくにとっての〝教科書〟になり〝師〟になります。

会話の「豊かさ」をより純粋なものにするために、ぼくは、学会活動上の目的

や成果も、いったんは忘れることにしていました。

**目指すのは戦略性のない、純粋な対話です。**

自分の考えかたを上から目線で押しつけ、相手を自分の意図に沿わせるよう仕向けるのではなく、あくまでもおなじ目線に立ちつつ、学び合う関係をつくっていく。

とくに布教活動では前者になりがちですので、そういった態度に染まらないよう気をつけたいところです。

## Q.
## 布教活動という、一方的なコミュニケーションに疲れました。

## A.
## 人との対話で大切になる3つのポイントを実践してみよう。

日常的な教えの学び合いや信徒同士の励まし合い、布教など、宗教活動というのは、たくさんのコミュニケーションにあふれています。

ぼくは、創価学会の現場で対話をするなかで、そもそも創価学会のなかだけにかぎらない、万人に通じる普遍的な対話の方法を模索してきました。

そのなかで、ある時期から、良質な対話を成立させるには、いくつかの要件があるということに気がつきました。それは、つぎの3つです。

① 演説や説得のように一方向的に話をするのではなく、双方向的に語らう
② 強制的にではなく内発的に、お互いの納得と合意が湧くようにする
③ 相手を変えようとするのではなく、自分が変わろうとする

自分にいいたいことや目的があって、それを伝えたり達成することを前面に出して語りだすのだとしたら、それは一方向的であり、それは対話ではなく、伝達です。

対話とは、双方向的なものです。対話は「交わす」ものであって、「伝える」ものではありません。だから、①が大事になります。

**対話では、自分の考えを伝えることに主眼を置くのではなく、一緒に考えることに主眼を置くべきです。**

くわえて大切なのが、納得や合意を得ることです。なにかを目指さなければ、会話はただの雑談になってしまう。それを防ぐために、②にあるように、納得や合意を目標にするのです。

ただし、気をつけなければいけません。

合意をとりつけることにこだわり過ぎると、対話はそのための手段になってしまいます。それがエスカレートすれば、強制的に相手を合意させることにもなりかねません。それこそ「ダメな会話」になってしまいます。

**対話は、対話そのものを目的にすること。対話自体を楽しんでほしいのです。その結果として、納得や合意が双方から自然に湧くようになるのが理想です。**

対話にとって重要なのは、「合意が生まれたか」ではなく「きちんと語り合えたか」です。

つづいて③ですが、これを説明するうえで、第1章でしめしたことが役に立ちます。ここでぼくは、対話を成立させる要件を2つあげました。

一つは、「わかり合おう」という意志、もう一つは「折り合いをつけるために、自身の考えを更新する可能性も視野に入れよう」という意志です。

とくに、後者に注目してください。これは、対話において自分が変わる可能性を前提にしています。

充実した対話には特徴があります。それは、対話をする前と後で、「相手が変わる」とともに「自分も変わる」という点です。

たとえば、「ようやくわかり合えた！」という感覚に喜びを抱きつつ、「対話によって新しい見かたがわたしに芽生えた！」「知らない自分に気づけた！」といったことを喜ぶような会話が「豊かな会話」であり、真の対話です。

**対話によって自分が変わることも楽しむ。**

**そんな自分になっていければ、語らいは豊かさを増すでしょう。**

この、自分も変わり得るという態度は、みずからを「感化する側」「教化する側」「みちびく側」だと信じている人からはなかなか生まれません。

## 布教活動のなかで身につけた対話力が仕事に活きた

学会のなかでもがき、苦闘《くとう》するなかで、ぼくは対話のスキルを向上させていきました。

その成果だと思いますが、ある音声ＳＮＳが日本で流行《はや》ったときに、ぼくは多くの人から「対話の名手」とよばれ、「人の特性や魅力を芸術的に引き出す、稀有《けう》な語り手だ」との評価を受けました（過分な評価、恐縮です）。

もちろん、リアルな対話の場でもこのメソッドは活きています。

そして、いまはその対話スキルを活かし、人の人生を深掘りして記事にまとめるサービスを事業として展開しています。対話が、仕事になっているのです。


ちなみに――「対話力を鍛えるにはどうしたらいいか？」と、よく聞かれます。

これについては、一発逆転《いっぱつぎゃくてん》のソリューションはありません。

王道ですが、まずは実践すること。

「自分の言葉が相手にうまく通じない」という経験を積むのがいちばんです。

挫折《ざせつ》をして、反省して、そこから学びながら、あらためて相手の立場に立つことを想像しつつ、言葉のつむぎかたを検討してみる。

その蓄積が、あなたの語りを豊かにします。

Q.

「成功は信仰のおかげ」、「失敗はあなたのせい」という考えかたに悲しくなります。

A.

そう考える人も、なかにはいます。そんな態度は反面教師にしよう。

これは、「宗教2世あるある」としてしばしば聞かれる話です。なにかで成功したときには「信仰のおかげだね！」といわれるのにたいして、失敗したときには「あなたのせいだ」といわれてしまうのです。学会員の間でも、このようないいかたがされることがあるため、「あるある」として、この言説が語られることがあります。

こうした考えかたに、イヤな気持ちを抱いている宗教2世も多いことでしょう。

なぜ、イヤな思いになるのか。

それは、宗教2世本人の努力が、「なかったこと」として扱われるからです。

たとえば、あなたが受験に合格したとします。そのときに「ちゃんと祈ったおかげだね！」といわれたら、あなたはどう思いますか？

「いや、わたしがめちゃくちゃ勉強したからなんだけど……」といい返したくなるかもしれません。

この言説には、ある前提があります。

「きちんと信心をすれば、絶対に合格する」という前提です。

この理論は、ちょっと見かたを変えれば、「もしも不合格になることがあれば、それは信心が足りないか、本人の努力不足のせいだ」という理屈をみちびきます。

このような物いいをされた宗教2世は、気持ちのやり場をなくすでしょう。

こういった声かけによって苦しんできた経験から、ぼくは、結論ありきで「信心のおかげだね！」というような人間には絶対にならないと決めました。

そう、こういう人は反面教師にするのがいちばんです。

## 自分のなかにたくさんの他者を住まわせよう

そこでぼくが実践したのが、「想像力のレパートリーを増やすこと」でした。自分がなにかをしたときに、Aさんだったらこう感じるかも、Bさんなら、Cさんなら、Dさんならこう感じるかもと、さまざまに想像できるような自分になるのです。

「この人になら、この励ましの言葉を贈れば伝わるかも」といったパターンを、とにかくたくさん蓄える。

それは、「自分のなかにたくさんの他者を存在させること」といい換えられます。たとえば、想像上のAさん、想像上のBさん、Cさん、Dさん……。

それから、折伏《しゃくぶく》などでイヤな思いをさせたことのある友人、成果主義に疲れている友人、「2ちゃんねる」やブログなどに創価学会批判を書きこむ人、信仰する目的を見失った人、そしてつい「信仰のおかげだね！」と口走ってしまう人などを、自分のなかに住まわせるのです。

で、そういった〝心のなかの他者〟と対話をして、いろいろな着眼点を育み、いろいろな角度から物事を見られるようにしていく。

すると人は、なにかをしようとするとき、さまざまな可能性を考慮してから行動できるようになります。思慮《しりょぶか》深く、人を励ますこともできるようになります。

このようになることができれば、あなたは安易に「結論ありき」の言説を振りかざし、相手を傷つけるようなことはしなくなります（そうしてしまう可能性を減らすことができます）。

**「自分のなかにたくさんの他者を存在させること」に寄与するのが、対話です。**

相手から、万人から、真摯《しんし》に学ぶことです。対話にはそんな効能があります。

しかも、いろいろなパターンの想像力を身につければ、ある状況やシチュエーションに出合ったときに、多彩な角度からそれを吟味し、自身の置かれている立場をより正確に認識できるようにもなります。

おなじ物事を見ても、より深く考察することができるようになります。

**複眼的な視点が育つことで、一つの視点を絶対視し、それに固執するということも減ります。思考の柔軟性が高まるのです。**

**それは、宗教2世が幼いころから教わりがちな「特定のものを絶対視するマインド」から適切に距離をとる知恵に結びつきます。**

あなたが、柔軟で、しなやかな生きかたをすることができるようになれば、あなたは宗教2世のしがらみから、より自由になれるでしょう。

## まとめ

ぼくには信仰に熱心だった時期があります。そのとき、創価学会のなかで、さまざまな不条理に直面しました。教団の方針をただ無条件に受けいれて、いわれるままに行動するのはもったいない。

本章では、信仰活動をやると判断した場合、そこからどんな学びを得るのかに焦点をあてて、そのメソッドをしめしました。

強調したいのは、元来、コミュニケーションにあふれているはずの宗教実践の場で、相手の心のひだにふれるような対話の仕方を学習することの重要性と、教えを信じつつも知的な活動はやめないことの大切さです。

これらは、仮にあなたが信仰から離れ、教団を退会したあとでも、とても役に立ちます。

本章の内容を心にとどめて、（無理のない範囲で）信仰とむき合ってみてください。

# 2・5

## 信仰活動

## 離脱後 編

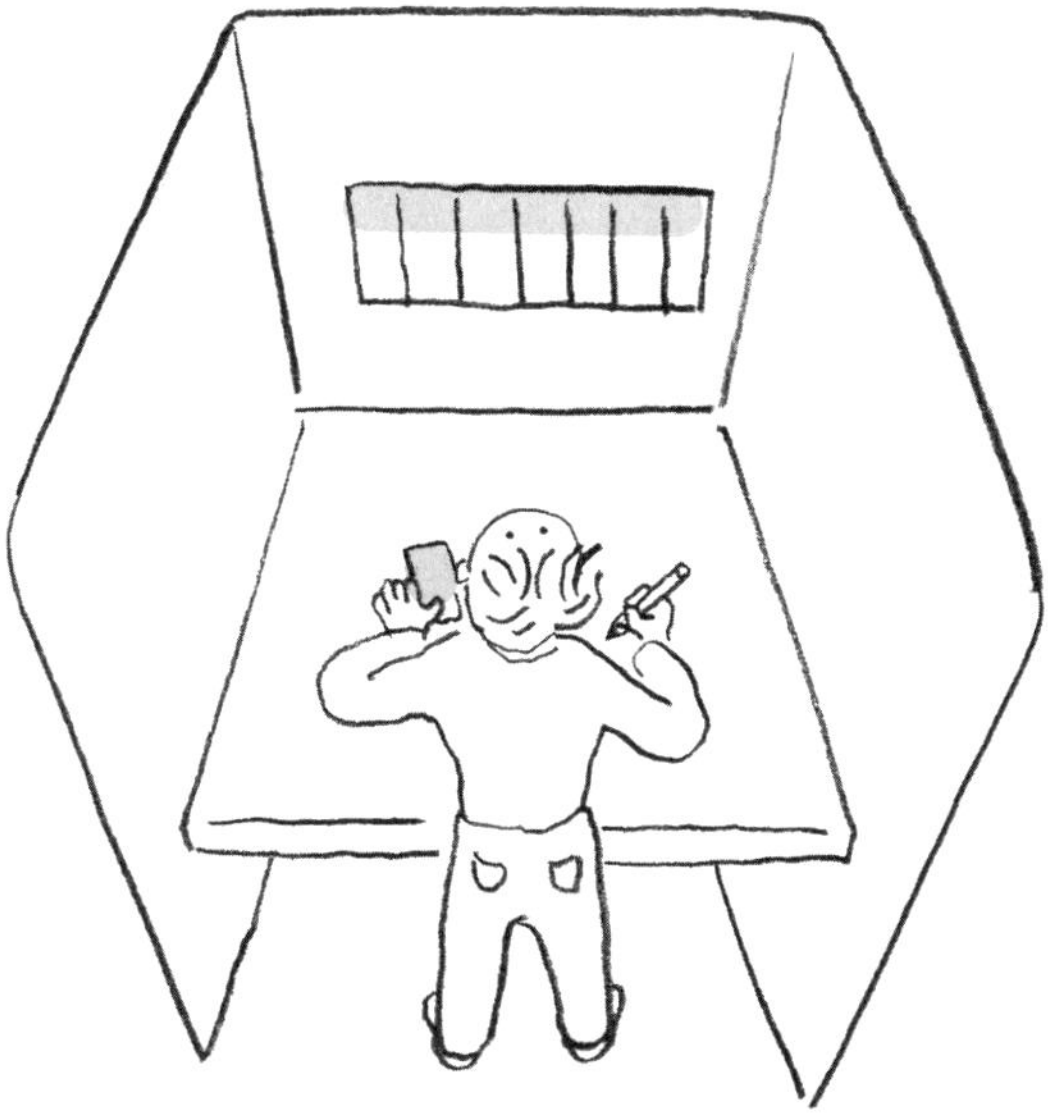

## Q.

## 宗教から離れたあとも、教義が心身に染みついて離れません。

## A.

## 理論武装しつつ、時間をかけて離脱していこう。

第4章では、信仰活動をしているなかで抱いた悩みや葛藤《かっとう》と、ぼくがどうむき合い、対処していったかについてのべました。

第5章では、信仰活動から離れたあとの心境の変化や苦悩にたいして、ぼくがどう応じていったかをしめしていきます。

宗教2世のなかには、親から教えこまれた教団の教義や文化、習慣を、教団を離れたあとも忘れられず、影響を受けつづける人がいます。

たとえば性愛禁止の教えのなかで育てられると、信仰を手放したあとも恋愛に恐怖心を抱き、そこから抜けだせないケースがあります。それが、人生設計に大きな影を落としたりするのです。

ぼくにも、創価学会員として身につけた習慣からは、なかなか離脱できないということがありました。

この悩みにたいして、ぼくがどう応じたのか。一例をしめしましょう。

2017年2月に創価学会本部を退職し、信仰活動から離れて以降、ぼくは比較的おだやかな日々を過ごしていました。

それまで毎日毎日、昼夜にわたって学会活動のために動いていた時間を、自分のため、そして家族のための時間にあてられたので、気持ちに余裕をもって過ごすことができました。

もちろん、多少の欠落感はあります。

学会活動をしないことで、まるで自分が不純な人間になったようにも感じました。これは、第1章でふれた勤行《ごんぎょう》をしないだけで歯磨きでも怠ったかのように気分が悪くなった、という話に通じます。

でも、「もう、やらない」と決めたぼくは、徐々に「やらない」生活になじんでいきました。

## それでも、公明党以外の候補者に投票できなかった

ところが、同年10月に行われた衆議院議員選挙でのこと。

ぼくは人生ではじめて、公明党以外の候補者に投票をしようと決めました。さまざまな政策や各候補者の人柄、実績を考慮してのことです。

それまでぼくは、ずっと、公明党だけを支援してきました。その流れにここであらがおうというのです。

いつもどおり投票所にむかって、いざ投票用紙に名前を書こうとした、まさにそのときです。

ぼくの手がふるえだしました。それも、小さな振動ではなく、ガタガタとふるえだすのです。とてもではないですが、文字を書けるレベルではありません。

ぼくは、ふるえが止まるのを待ちました。

しかし、ふるえは、おさまりません。

冷や汗もダラダラです。

結局ぼくは、だれの名前も書くことができませんでした。このとき、公明党支援のマインドが、自分の体に深く染みついていることを痛感しました。

ぼくが、ほかの政党の候補者に投票できるようになるには、そのつぎの国政選挙を待たねばなりませんでした。

## 信仰から離れるには、時間も理論武装も必要になる

これも「宗教2世あるある」として聞かれる話ですが、熱心に信仰してきた教団の教えや、そこで身についた習慣を、信仰活動を離れても忘れられずに、影響を受けつづけるということがあります。

2022年に出た『宗教2世』（太田出版）の言葉を借りるなら、それは「宗教

の残響《ざんきょう》」とよべるでしょうか。その残響は、容易に抜きがたいものでした。

残響から距離をとれるようになるには、やはり「時間」が必要です。長い時間をかければ、少しずつ残響は解けていきます。

**そのうえで、①自分が受けている残響に気づいたときに「あ、これが『宗教の残響』ってやつか」と客観視する、②残響にたいする違和感に理論武装で応じる、の2つを押さえておくと、残響からの解放が早まるかもしれません。**

②について、具体例をしめします。ぼくの公明党支援にかんする残響からの〝脱出〟についてです。

ぼくは、こう考えるようにしました。

そもそも、一人の政治家や一つの政党がかかげている政策すべてに賛成できることなんてあり得ない。どんなに自分と考えかたが似ている政治家や政党があったとしても、「この政策には賛成だけど、この政策には賛同できない」「おおかた賛成できる候補者の話でも、この主張には反対だ」という部分はかならずある。

つまり、政党や政治家を丁寧に比較考量しながら毎回の選挙に臨むなら、「支援する対象がいつも公明党や公明党の候補者になる」なんてことは、まずあり得ない。そんな態度は「結論ありき」でナンセンスである――。

理論武装といっても、これくらいでもかまいません。

なお、ぼくのこの見解は、政治家や政党に一人1票しか投票できない日本の政治制度の問題としてしばしば議論されてきたものを下敷きにしています（ぼくは、一人1票による多数決で成り立つ現行の制度は変えたほうがいいと思っています。たとえば、一人10票を投票できるようにするとか、いろいろ改善の余地はあります）。

こういう理屈をあつらえて、自分を納得させていくのです。

そのおかげでぼくは、最終的に公明党支援にかんする「宗教の残響」から離れることができました。

## Q.

## 社会に出て、大失敗。猛烈に落ち込んだときはどうすればいい？

## A.

## 苦しいときは希望を捨てずに耐えて。自分を信じていれば大丈夫。

先ほどものべたように、創価学会本部をやめてからのぼくの生活は、しばらくは平穏でした。

唯一、大変だったのは仕事です。

宗教法人の世界ではなく、いわゆる一般的な企業でビジネスパーソンとして働くようになったのは——あらためていいますが——36歳になる年です。

36歳からの社会人デビューは、苦労の絶えないものでした。

一般企業は、当然ながら、営利を目的に経営されます。創価学会にも、聖教新聞社といった収益をあげる部門はありますが、営利を前面には出していません。つまりぼくには、営利をもとめ、稼ぐというマインドで働く経験が決定的に欠けていたのです。

その影響でしょうか。仕事ではたくさんの失敗をやらかしました。あまりに失敗し過ぎて、周囲から「この使えないオジサンは、なぜわが社に採用されたんだろう」と思われていた時期もあります。

なにしろ、利益を意識しながら働くことがうまくできないのですから、ビジネスにかんするぼくの〝エンジン〟はポンコツです。

しかも、入社半年ほどたったころに、大事故を起こしてしまいました。忘れもしません。

あれは、ぼくがいたＩＴ企業が長年の技術を活かして新開発したソフトウェアをひっさげて大勝負に出たときのことです。

ぼくは、より多くのメディアに報道してもらうために、たくさんのメディアにアプローチして、そのソフトウェアについて大々的にプレゼンを行い、デモンストレーションを見せながら、なにがどう便利で、それによってどう世のなかがよくなるのかをしめしていく役割を担いました。いわゆる広報の仕事です。

ところが、このプレゼンにコケてしまいます。

デモンストレーションも、ズッコケてしまいました。

メディアの方々になんら訴求することもできず、とぼとぼと帰社するという失態を犯してしまったのです。

結果、メディアの報道は細々としたものになりました。


これに、社長が激怒します（あたりまえです）。

社長が「最終的にお前の採用を決めたのは、俺だぞ！　お前は俺の顔に泥を塗った！」と叫んだあの声は、いまも耳朶《じだ》から離れません。

この話をリクルートの友だちにしたところ、「よくそれでクビにならなかったな。ふつう、そこまでやらかしたらクビだよ。社長さん、寛大だなあ」といっていいました。いまからふり返ると失敗の意味がよくわかるので、ほんとうに「よくクビにされなかったな」と思います。

## 社長の厳しい叱咤《しった》に、自分を信じて耐え抜いた

ここからが、地獄のはじまりです。ぼくはその後、社長から厳しい叱咤を受けつづけました。

広報という立場上、社長とマンツーマンで話をする機会がけっこうあるのですが、そのたびに社長から「あの失敗はあり得ない!!」と怒られてしまう。社内でも、つねに厳しい視線にさらされる。このとき、精神的にどれくらいきつかったかというと、血尿が出るくらいです。

毎日、寝るときには朝がくるのが怖くなります。会社に行かなければならないですから。

日曜の憂鬱《ゆううつ》もたまったものではなく、月曜が永遠にこなければ、と思いました。

でも、ぼくにはその会社以外に行き場がありません。ふたたび転職することは考えられない。

ぼくは、どんどん追いこまれていきました。会社に行くことを想像するだけで、

動悸《どうき》や緊張でおかしくなりそうなときもありました。

そんな窮地《きゅうち》に陥って、ぼくはどうしたか。

なんの工夫もないですが、「耐える」ことにしました。

亀が甲羅《こうら》のなかに入ってじっとしているような、完全ディフェンスモードです。「なんだ、そんなことか」という読者の声が聞こえてきそうですが、ぼくはひたすら耐えた。ただ、忍耐という手段をとるにしても、必要なものがあります。

それは「希望」です。

ぼくは、希望をもつことだけはできた。

その希望とは、「自分を信じることはできる」というものです。もっと厳密にいえば、「『これから変わりゆく自分』を信じる」ことはできたのです。

苦しい心境のなかで、ぼくは現状と過去に思いをめぐらせます。

たしかに、いまは失敗を犯し、成果も出せず、使えないオジサンとして会社にいる。でも、いつまでもそのポジションにとどまるわけじゃない。

ぼくには「変わることができる」という可能性がある。数年後には立派なビジネスパーソンになっているかもしれない。

**現状は「できない」けれど、それは『いまは』できない」に過ぎない。**

**『いつかは』できる」ようになるかもしれない。**

**しかもぼくは、創価学会本部をやめた。それは、一世一代の人生を懸《か》けた決断。**

**まるで清水の舞台から飛び下りるように、その決断を下すことができたのだ。**

そして、ぼくの人生は変わった。

だから、これからも変わることができる。大丈夫――。

## 人は〝遅れて〟変わっていく

ぼくには、自分への信頼を支える、ある実感があります。

**「人が変わるまでには時間差があり、人は〝遅れて〟変わる」という実感です。**

たとえば、ある「知」を習得したいと思ったとします。

その「知」が、いわゆるハウツーものではなく、思想や考えかた、言葉づかいからにじみ出る知恵などの場合、それを使えるようになるまでには、時間がかかります（ハウツー的な「知」のように、すぐに実践して結果につなげられるようにはなりません）。

自分のなかにその「知」が着床し、熟成し、心身になじむまでに、時間を要するわけです。

でも、それは確実に、着実に、自分に変化をもたらします。ぼくは読書を通じて多くの「知」を心身になじませるなかで、そんな経験をたくさんしてきました。

〝時間差の実り〟を数多く体感してきたのです。

それゆえに、変化が〝遅れて〟やってくると信じることができた。ビジネスにおける自身の将来的な変化を信じることができました。

その2年後です。

ぼくは、社長にこういわれるまでに、信頼を勝ちとることができました。

「正木くんは、わが社の最大の武器だよ！」

この一言を聞いたとき、ぼくは涙しました。

希望を捨てなくて、ほんとうによかった。

読者のなかには、いままさに絶望の淵《ふち》に沈んでいる人もいると思います。

「こんなわたしなんて……」と自己否定をかさねている人もいるでしょう。

でも、「いまのわたし」のまま死ぬまで変わらない、なんてことはありません。


**あなたは、変われます。**

**状況も、環境も変化します。**

**ただ、それらは〝遅れて〟やってくるだけ。**


どうか、希望をもって、待ってみてください。耐えてみてください。

わずかににぎりしめたその希望が、芽吹くかもしれないのです。

「巌窟王《がんくつおう》」とよばれた忍従の人物、エドモン・ダンテスを描いた『モンテ・クリスト伯』（岩波書店）の名句が胸に響いてきます。


待て、しかして希望せよ！

## Q.

## 心が折れそうになったとき、信仰なしで切り抜けられるか不安です。

## A.

## 〝メタ次元の自分〟を通して自分を見れば、気もちがラクになります。

人には、たたみかけるようにして悲劇がかさなり、打ちのめされるときがあります。ぼくにとって、２０２１年がまさにそれでした。

そういったときに信仰する神をもつ人は〝頼る神〟があるため、けっこう強く生きていけたりします。

では、それを手放したぼくはどうしたでしょうか。

その一端を本節で紹介します。

じつはその年のはじめには、ぼくの名前の冠ラジオ番組がはじまる予定でした。ところが、急遽《きゅうきょ》スポンサーが降板。その炎上が各所に飛び火し、多くの人に迷惑をかけ、心身が削られてしまいます。

プライベートでも、家族をめぐる悲しい一大事や、親友の自死がありました。それらがあまりにも強いストレスとなったため、ぼくは帯状疱疹《たいじょうほうしん》を発症。そこにメニエール病（めまいや耳鳴りなどを伴う発作が起こる耳の病気）もかさなります。

しかも、とどめのように財布まで紛失。いつも愛用している図書館で、です。

その帰り道、あまりにも悲し過ぎたためか、ぼくは雨のなか、傘をさすことも忘れて泣きながら歩きました。

このときは、ひさびさに「死ぬかも」と思いました。

ぼくは、うつ病時代に2回、自殺未遂をしています。そのときの体験が頭をよぎりました。

ところが、です。

そんななかでも、ぼくはどこかで、落ち着きを維持していました。

なぜかというと、自分を俯瞰《ふかん》する「もう一人の自分」のつぶやきがあったからです。

イメージ的にいうと、ぼくの頭上2メートルくらいのところに、もう一人の自分がいるのです。その自分を仮に〝メタ次元の俺〟とよぶなら、その〝俺〟がこういうわけです。

「俺の人生、マジでネタづくりだな」

「まあ、でも、これで死ぬわけじゃないし」

長い時間をかけて、ぼくのなかにこの〝メタ次元の俺〟が育っていました。いわば、「自分を客観視する自分」ですが、それは、無数の内省をくり返し、自分のなかに豊かな相談相手としての、もう一人の自分を育ててきたから生まれた〝俺〟なのかもしれません。

おまじないのようですが、ぼくはこのつぶやきに助けられました。このフレーズは、もしかすると、みなさんにも効くかもしれません。

つらいことには塞《ふさ》ぎこみ、苦難には恐れを抱き、病めば心が沈み、人と別れては悲しむ。

失敗もある。泣きたい夜もある。

でも、心のどこかで、足元がしっかりしているなという手応えを、ぼくは感じている。

そんな実感が、自信につながりました。

「確実に強くなっているな、俺」って。

## Q.

過去の自分を思いだしては、自分がゆるせなくなります。

## A.

ぼくは、利他を実践することで過去を恨む気もちを整理しました。

宗教2世のなかには、取り返しのつかない過去を背負わされたと感じている人もいると思います。それは、おそらく事実でもあるのでしょう。

そのような苦悩を抱えている人に、「取り返しのつかない過去なんてない」といっても、気休めにもなりません。

苦境に陥ったとき、みなさんは自分の過去を呪《のろ》ったりしませんか？

ぼくは、職場で大失敗に直面したときに、過去を呪いました。

創価学会本部に就職せず、はじめからふつうに仕事をしていたら、こんな苦労を負うことはなかったのではないか。なぜ本部職員になってしまったのか。なぜまわりの説得を振りきって、ＮＡＳＤＡに行かなかったのか――。

この思考は、そこから、ときをさかのぼって、「なぜ創価大学に進学してしまったのか」「なぜ創価学園を受験してしまったのか」「なぜ創価学会の家に生まれてしまったのか」というところにまで至ります。

過去は、後悔ばかり。

恨みたい衝動があるのなら、無理にそれにあらがう必要はありません。

そのうえで、ぼくは、恨みを手放しました。

この「恨みからの解放」の具体的な方法については、第１章でふれています。

「復讐目標の再設定」という話です（44ページ参照）。

この方法は、たしかに過去の自分と和解するのに有効でしょう。

ですが、ぼくはそれだけでは足りず、苦境のたびに過去を呪うということがつづきました。そこでまず、恨みという感情そのものを見つめることにしました。

恨みは、人の心を、体を、こわばらせます。固くします。その固さは、ときに精神をもろくします。ゴム製の板であれば割れないものが、固い板になるとたたけば割れてしまうように、です。ぼくの場合はそうでした。

心は「固い」より「しなやか」なほうが強い。

ぼくには、そんなしなやかな精神が必要でした。

## 「利他」の行いでしなやかな心を育て、呪いを解く

そんなしなやかさを自分にもたらしてくれる営みがあります。

なんだと思いますか？

**「人のために行動すること」です。大げさにいえば「利他の行い」ということになるでしょうか。他人を利する、他者を幸福にする実践です。**

利他といっても、大それたことをする必要はありません。

たとえば、日常生活ではあまりいうことがないような「あなたを大事に思って

いる」という言葉を、大事な人に投げかけるだけでもいい。愛していると伝えることでもいい。手紙をしたためて、相手を笑顔にするのでもいい。

それにくわえて、社会で「弱くさせられている人」が塞ぎこんでいたら、ともに手を取り合って、ともに顔をあげるような行動を起こすようにしました。

「弱くさせられている人」とは、いわゆる社会的弱者のことですが、ぼくはそういう人たちを「弱い人」とはよばず、「弱くさせられている人」と表現しています。社会構造が、彼・彼女らを弱者に追いこんでいる部分があるからです。

ここでイマジネーションを喚起するために、精神科医・神谷美恵子の『生きがいについて』（みすず書房）から言葉を引用してみましょう。

あなたのそばにも、こういう人がいるはずです。

平穏無事なくらしにめぐまれている者にとっては思い浮かべることさえむつかしいかも知れないが、世のなかには、毎朝目がさめるとその目ざめるということがおそろしくてたまらないひとがあちこちにいる。ああ今日もまた一日を生きて行かなければならないのだという考えに打ちのめされ、起き出す力も出て来ないひとたちである。

耳を澄ましてください。

目をこらしてください。

あなたの助けを必要としている人は、じつは身近にいます。

ぼくは、微力ながらそういった取り組みに心血をそそいできました。

たとえば精神疾患を抱えている人、体に障害のある人、極貧の家庭、老々介護で立ち行かなくなっている家庭、ドラッグ中毒者など。そんな、弱くさせられている人とともに行動し、一緒に立ち上がろうとしてきました。

当然、見返りはもとめません。これは第2章で論じた「ギブ・アンド・テイク」の「ギブ」にあたる行為といえるでしょうか。

**利他に専念していくと、心がやわらかくなり、教団への恨みが薄れます。**

少なくとも、ぼくの場合は、そうでした。

## 「わたしの人生、なんだったんだ」と思ったら

こういった取り組みは、人と人の間に「つながり」を生み出します。そこでつながった人には、不思議と弱音も吐けます。

以前、創価学会本部から転職をしようと考え、試行錯誤していたときに、ぼくが「メンタル相談室」を開いていた、という話を紹介しました。

あるとき、そこに来てくれていた相談者に、ぼくのほうが弱音を吐き、気がつけば、相談に乗る側だったはずなのに、相手に相談に乗ってもらっていた、ということもありました。

じつは、あれがまさに、ぼくにとって「弱音を吐ける場」だったのです。

弱くさせられている人と行動をともにしていると、弱さをさらけだせる関係が生まれます。その信頼関係があると、安心が湧き、心がおだやかになる。呪いや恨みを忘れられるのです。

**支える人／支えられる人、救う人／救われる人、迷惑をかける人／迷惑をかけ**

**られる人、といった二項対立を超えて、「お互いさまだよね」の精神でつながれる関係は、強い。**

もしもあなたが苦衷《くちゅう》を抱きしめて涙をからしてきた宗教2世であるなら、あなたは弱くさせられている人たちと視線を合わせ、寄り添えるだけの心の奥行きをたずさえているはずです。

**宗教2世として、あなた自身が「（自分は）弱くさせられてきた」と感じているのなら、その経験を、ほかの弱くさせられている人に目をむけることに活かしてみるのもいいかもしれません。**

他者を利するという利他の思想は、ある意味でどの宗教であっても共有できる普遍的な考えだとぼくは思っています。

仮にそれが建前であったり、美辞麗句《びじれいく》として教団内で言葉が躍っているだけであったとしても、利他に反対する宗教団体は、そうそうないでしょう。

ぼくは創価学会のなかで、利他の精神を追求しました。

そしていま、べつのかたちで利他を追求しています。

それを自覚したときに、ぼくは気づきました。

「あ、俺は『利他』という一点で過去の自分とつながっている。連続している」

そう考えたときに、ぼくは、かならずしも過去を否定する必要はないのではないかと思いました。

過去の利他にまったく価値がなかったかといえば、そうではない。

至らないところは多々あったけれど、ぼくはぼくなりに利他を実践してきた。

過去のその経験といまの実践は、通底している。

それなら、過去の経験はむしろいまに活かすべきだ、と。


過去を恨みつづけてきたところから、「いまに通じる価値」をその過去に見いだせた瞬間、ぼくは過去の自分をゆるすことができるようになりました。

それまで、心のどこかで、やっぱり「ぼくの人生、なんだったんだ」と思っていました。その気持ちと、ようやく折り合いをつけることができたのです。

## Q.

# 自分が、ほんとうに信仰の世界から離脱できるか、不安になります。

## A.

# 焦らなくても大丈夫。アーレントの知恵を借りてみよう。

ここまでお読みの方はもう気づかれていると思いますが、ぼくは哲学者ハンナ・アーレントの影響を強く受けています。いまに至るまでのぼくの行動原理には、アーレントの知見をもとに考えだしたものがかなりあります。

おそらくぼくは、創価学会で違和感を抱かなければ、彼女の思想を学ぶことはなかったでしょう。もしそうだったとしたら、現在のぼくも存在しなかったかもしれません。

ありがたいことに、アーレントは信仰活動の離脱後における生きかたの指針を与えてくれました。

そんな彼女ですが、じつは全体主義を生まないための対策をはっきりとは明示していません。どうすれば、ホロコーストなどの蛮行《ばんこう》にむかおうとする人間を止めることができるのか？　その答えは、意外にも不明瞭《ふめいりょう》です。

しかし、アーレントの著作から知恵を拾うことはできます。そして、その知恵から得られる「とるべき態度」こそが、さまざまなところで活きているのです。


彼女はなにを大事にしようとしたか。それは、「複数性」です。

誤解を恐れずにいえば、複数性とは、異なる個性をもった人々が、おなじ人間として対等に、みなでともに〝場〟を共有しながら、はばかることなく自分の意見や考えを語り合える状態のことをいいます。

たとえば、ある会議が開催されたとします。そこで、特定の方向に意見が収束していったとする。最後に参加者一人ひとりに賛成か反対かを問うていきます。

1人目は、賛成。2人目も、賛成。3人目も……。みなが賛成だと表明していきます。

そして10人目、あなたの番です。そのときあなたが本心では反対だとしたら、どうしますか？　そういうときに「わたしは、反対です」といえる自由が守られている状態がベターです。

それは、その場の空気とか権威への忖度《そんたく》とかを気にせずにものがいえる場でもあります。大切なのは、社会のなかでこの複数性を鍛え上げていくことです。

## あなたが所属していた教団に、複数性はありますか？

ここで、宗教2世のみなさんに問いたい。

**あなたが所属する**（所属していた）**教団、またはその教団の身近な組織に、複数性はありますか？**

宗教指導者や教祖の権威、教えの絶対性などが〝猛威〟をふるうために、教団組織の現場から複数性が失われていく。そういう現場に、少なからず立ち会ってきた背景があったので、ぼくは複数性が担保されている場に、意識的にたくさん参画してきました。

それは、読書サークルから、哲学カフェ的な思想研究会までさまざまです。クリスチャン（キリスト教徒）やムスリム（イスラム教徒）などとも、自由闊達《じゆうかったつ》に語らってきました。

人と会い、多くの居場所をつくり、みずからのなかに「複数性を大切にしよう」という意識を育ててきました。

すると、複数性が守られていない場に足を踏み入れたとき、またはそういう現場を目撃したときに、強烈な欠如や違和感を覚えるようになります。

だんだんと、「ああ、創価学会本部は（やはり）ぼくの肌に合わなかったのだ」という気持ちにもなっていったのです。

以降、ぼくの心は創価学会の信仰世界から急速に離れていきました。

それまでは、なんだかんだいって創価学会のことがある程度、気にかかっていました。学会本部をやめたあとも、本部にいる後輩などから学会本部の情報を聞く機会はけっこうあって、そのたびに情けない気持ちになったり、怒ったり、複雑な気持ちを抱いたりしていました。

でも、そういう感情が湧くことがなくなっていった。関心が失《う》せたのです。

こうして、ぼくは〝離陸〟を果たしました。

## 企業だって社会だって、複数性があるといい

複数性を成り立たせようとする意識は、仕事にも活きました。

複数性は、組織的な運用の仕方によっては、心理的安全性をチームにもたらすとぼくは考えています。心理的安全性とは、「自分の考えや意見などを組織のメンバーのだれとでも率直にいい合える状態」のことをいいます。

心理的安全性が高いチームは、イノベーティブな発想が生まれやすく、メンバーのパフォーマンスが向上する傾向にあるとされます〈『恐れのない組織』〈英治出

版〉より）。

ぼくはまさに、複数性や心理的安全性を意識して、チームビルディングを行ってきたのです。

実際、これらの環境づくりに努めた結果――まぐれ当たりもありますし、これは自分でいうのもナンなのですけれど――、ぼくは、広報・マーケティングの部署を統括していた時代に、チームのみんなと一緒に、四半期で前年度比の30倍を超える成果を出すことができました。

それがきっかけで、ヘッドハントなどにより、ぼくのキャリアアップが加速し、現在に至っています。

ほんとうに、アーレントさまさま、ですね。

ぼくは、アーレントによって創価学会を客観視できるようになりました。アーレントを読み、知的格闘をするなかで、信仰から〝離脱〟することもできました。

ここでも「知」がポイントになりました。ぜひ、知的探究をしてみてください。

## まとめ

教団や親などから教わってきたことが、信仰活動から離脱したあとでも、あなたに影響を与えつづける――。

その影響から抜けだすことは、ときに容易ではありません。

ぼく自身、少なからぬ宗教2世が抱く気持ちとおなじように、「俺の人生、なんだったんだろう」と、自分の過去を呪ったこともあります。

この呪いの感情から解き放たれるには、時間が必要です。

また、信仰実践を手放した「いまの自分」をあと押しする知的な理屈をつくり、否定したいと思っている「みずからの過去」にあえて意味を見いだしていくということが、それに役立つケースもあります。ぼくの場合は、そうでした。

カギの一つは、信仰をしているときも、信仰から離れたあとも、知的に考えることをやめないということです。ぜひ実践してみてください。

# 3

# 自分の人生を歩めるようになるまで

第2部では、宗教2世のサバイバル術を紹介してきました。

第3部では、それらに通底する、基盤となるぼくの実践を紹介します。


宗教2世のぼくが、そのつらさから〝離陸〟するエンジンとなったものはなにか。

それは、「違和感」です。これまでにも、何度かのべてきましたね。

違和感をしっかり分析して、より具体的で明確な言葉に展開できるようになると、その論理が信仰世界を離れる合理的な「理由」になります。また、違和感それ自体が離れる「動機」になります。

これらが離陸のエンジンになるのです。


そのうえで、そのエンジンをさらに強力なものにし、離陸を〝安定飛行〟につなげるために役立つ取り組みをここでお伝えします。

それは、「自分の頭で考える癖《くせ》をつける」という営みです。

え？　自分で考えるって、だれもがしていることでは？

そう思う人もいるかもしれません。

しかし、ここで扱うものは、文字どおりの意味とは違います。

## 目の前の前提を疑ってみよう

**「自分の頭で考える」とは、自分の感覚や違和感、本音に正直になって、なにかに直面したときにその都度、立ち止まって考えることです。そして、新たな考えをもとに自分をアップデートしたり、更新したりするのです。**

わたしたちは日々の生活のなかで、さまざまな環境に存在する「そういうものだから」「こうするものだから」に従って、その場にふさわしいふるまいをして生きています。

学校では「生徒らしく」、会社では「ビジネスパーソンらしく」といった具合に、です。

当然ながら宗教団体では「信者らしく」ふるまいます。

その際にわたしたちが準拠している「こうするものだから」という暗黙のルールのことを「前提」とよびます。

「自分の頭で考える」というのは、その前提を客観的に把握し、疑って批判し、問いを立てて答えようとするなかで、扱っているテーマそのものを語り直そうとするこころみを指します。

以前、ぼくは、「ネガティブ・ケイパビリティ」という概念について説明しました（90ページ参照）。

「自分の頭で考える」行為は、そのネガティブ・ケイパビリティを充実させる具体的な実践と見なせるかもしれません。また、アーレントが警鐘《けいしょう》を鳴らした、危険性のある思考停止を防ぐ道標《みちしるべ》にもなるでしょう。

ここで、その営みを3ステップにして要約し、具体例で説明してみます。

## 自分の頭で考える方法　1

## 前提を客観的に把握する

たとえば、ひさびさに会った友人にたいして「結婚はしたの？」と尋《たず》ねたとします。そのとき、あなたは多くのことを前提にしています。

これくらいの年齢であれば、結婚していてもおかしくないはず。もし結婚しているとしたら、その相手は異性であるはず。その婚姻は一対一のペア、つまり一夫一妻制に則《のっと》っているはず。そして、このような結婚観を表明することは問題がないはず――。

わたしたちは、ほとんど無意識に、こうした「あたりまえ」を相手と共有し合っていると思いこんでいます。

しかし、こうやってあえて言語化しなければ、案外その前提には気づかないものです。

もしも、ですよ。「結婚はしたの？」と声をかけた相手が同性愛者だったとしたら、この発言はどうなるでしょうか。相手の性的志向がポリアモリー（複数のパートナーと合意のうえで親密な恋愛関係を築くライフスタイル）だったら？　もしくは、相手が体質的に子どもをつくれない人で、そのために「結婚はしない」と決めているとしたら？

あなたの発言は、相手を傷つけるかもしれません。

**こういった「もしも」を考えて、さまざまな立場や考え、価値観があることに配慮することができれば、自分がもっている前提を客観的に把握することができるようになってい**

**きます。**

その際に、前提を意識するきっかけとなり得るのが、あなたの直感や本音、そして違和感です。

「あ、いまわたし、相手に『結婚はしたの？』って聞いたけれど、まずかったかも」といった違和感を逃さず、そこから自分が抱いている前提の〝尻尾〟をつかんでください。

前提を客観視するために重要なことがあります。それが、人と会うこと、読書、そして旅です。これらについてはあらためて、くわしくふれます。

## 自分の頭で考える方法 2　前提を疑って批判する

つぎに、前提を鵜呑《うの》みにせず、疑って批判してみましょう。

たとえば、こんな感じに。

「そもそも、なぜわたしは、恋愛対象が異性でないといけないと思っていたのか？」
「なぜわたしは、相手のことを異性愛者だと決めつけていたのか？」
「人によっては『結婚しているか否か』という話題はセンシティブであるはず。それを『あたりまえ』のように話題にするわたしの姿勢はどうなのか？」

**批判をするときにポイントになるのが、「絶対に正しいこと」や「絶対に間違っていること」は世のなかにまず存在しないと思って、一つひとつの話題やテーマについて「そもそも、ほんとうなの？」と問うことです。**

「広宣流布《こうせんるふ》を進めることは絶対に正しい」という前提をもつ創価学会の場合であれば、「そもそも広宣流布って、なぜしなきゃいけないいんだっけ？」と問うてみるのもいいでしょう（ひさびさに「広宣流布」というワードを使ったので確認ですが、この言葉は、創価学会でいう「世界平和」を意味する単語だと、ここではとらえてください）。

これについては、第2章の「ネガティブ・ケイパビリティ」についてのべたところでも、具体例を紹介しました。

批判が上手な人は、問いの立てかたがうまい人です。日々、批判する癖をつけていけば、問いの〝設定力〟は高まります。

ちなみに、この「前提を批判する」取り組みには、おもしろい世界が広がっています。ぼくはここで、「前提を鵜呑みにするな」「疑って批判せよ」といったわけですが、それは『前提を鵜呑みにしちゃいけない』という前提を鵜呑みにせよ」と読者に迫っているとも受けとれます。

この主張もまた、批判すべき前提になっているといえるでしょう。

また、本節では「思考停止になるな。自分の頭で考えろ」という主張もしていますが、「そうか！ じゃあ自分の頭で考えよう！」と「無思慮に」振りきってしまうと、それはそれで思考のベクトルが変わっただけで、思考停止状態であることに変わりはない、ともいえてしまいます。

ここにも、「待てよ、まずは『自分の頭で考える』がほんとうにいいことなのか、疑ってみないか？」と、批判をさしこむ余白があります。

そう、前提を疑うというのは、かくも難しいものなのです。

## 自分の頭で考える方法 3

## 新しい言葉で語り直してみる

最後に、これまで考えてきた問いやそれへの応答について、見かたを変えて「新しい言葉で語り直す」作業を行うことを、ぼくは推奨します。

広宣流布の話題に引きつけていえば、熟慮をかさねたうえで、たとえば「広宣流布って、広宣流布が必要じゃなくなる世のなかを実現することだよね」といった新しい見かたを考案してみるのです。

これは、消防士が「この世から火事をなくす」ことを目的にしていて、それはイコール「火消しの機会をゼロにする→消防士が必要でなくなる状況をつくる」ことを目指すことを意味する、という話に似ています。

広宣流布も、理屈上は「世界が凄惨《せいさん》な状況だから」必要なわけです。その凄惨な状況を解消することが広宣流布だとすると、広宣流布とは、「凄惨さがゼロになる→広宣流布が必要でなくなる状況をつくる」ととらえ直すことができます。

このように、それまでとは異なる視点を思考のなかで編みだしていくと、あなたの「考える」作業が豊かになっていきます。

**ここまで紹介した、思考停止に陥らないための3つのステップを、違和感などを抱いたときに、「わざと」「あえて」「いちいち」実践してください。**

**そうすることで「自分の頭で考える」があなたの癖になっていきます。**

これが身につけば、あなたは自分の人生で前提としているさまざまなことを「絶対視しない」態度をとることが可能になるかもしれません（という可能性も疑ってみてください。ちょうどいいのは、やはり結論を宙づりにしておくネガティブ・ケイパビリティですね）。

そうなれば、あなたには、みずからが信じてきたものとは異なる価値観にたいして、心や思考をオープンにする道が開けるようになります。

①〜③は、そんな態度をとれるように自分をつくり直すトレーニングにあたります。

## それまで受けてきた〝束縛〟から自分を解放する

教義などの絶対性を長らく教えられてきたために、宗教2世のなかには、ほかの価値観からなにかを学んだり、それらをいったん吸収して自身がどう感じるかを検討するといったことが苦手になっている人がいます。そういった行為に拒否感を抱く人もいるでしょう。

ですが、信仰から〝離陸〟して、〝安定飛行〟をつづけるには、それまで自分が軸としていた教団の教えから離れ、みずから新たな軸（自分軸）を形成していく必要があります。

いわば、自分を更新するわけです。

その際に重要になるのが、ほかの価値観に寛容になるマインドで、そのマインドを育てるのが「自分の頭で考える」実践です。

いかがでしょうか。

みなさんは、このようにして「自分の頭で考える」ことをしていますでしょうか。

換言するなら、「自分の頭で考えられる人」とは、ものわかりの悪い人です。空気を読まない人、あるいは空気を読んだうえであえて壊す人です。

そんな人になるのは、正直つらく、面倒で、ややこしいことでもあります。

ですが、これができるようになれば、ひょっとするとあなたは、所属教団であたりまえとされてきた価値観に染まった自分を、その〝束縛〟から解放できるかもしれません。

ぼくたちは生活のなかの多くのシーンで同調圧力を受け、その圧力によって「できること」の範囲を狭められています。

宗教教団であれば、教えや教祖、指導者がしめす言葉、指針、行動原理から逸脱しないように、といった圧力のもとに行動が制約されます。

「こうするものだから」というルールが多いから、つぎにとるべき行動もあらかた決まってくる。すると、自分で考えて判断するという機会が減り、不得手になってしまう。

一方、「自分の頭で考える」営みは、その同調圧力の束縛を突破して、人生の新しい可能性を開くことにつながります。同調圧力をなんとかできれば、あなたは信仰世界から飛び出せるかもしれない。

ただし、宗教2世が「空気を読まずに」「ものわかり悪く」思考をめぐらせる際には注意が必要です。

なぜかというと、一般の組織のなかの「こうするものだから」とは違って、宗教団体における「こうするものだから」は多くの場合、そこに宗教的な意義があり、正しいもの、ときには絶対的なものとして信じられているからです。

それを疑い、批判し、一部を壊すような発言をすることは、ときに危険がともないます。ですから、自分の頭で考えたことを、すべて他人に開示しないでください。

「自分の頭で考える」は、他者に問いかけなくても、自分の心のなかで自分に問いかけるだけでも十分成立します。

## 自分の頭で考える基盤となる自信のつけかた

しかし「自分の頭で考える」といっても、その癖をつけるには相当なハードルがあります。とくに意外な弊害《へいがい》となるのが、自分にたいする「自信のなさ」や「自己承認（自分を認め、受けいれること）の不足」です。

これらがなければ、人は新しい価値観に寛容になったり、前提を客観視したり、自分を更新する勇気をもつことがなかなかできません。

人は、幼いときからさまざまな人の承認を受けます。

「よくできたね！」といった行為への承認や、親密で信頼できる人からの「ありのままのあなたが大切なんだ」といった、存在自体への承認などがそれです。

こういった承認を受ける頻度や度合いは、個々人で異なります。

人によっては、これらがいちじるしく少ない場合がある。たとえば「存在自体への承認」を受ける機会が少ないと、人は自信をもてず、自己承認も苦手になります。

自信や自己承認は、人間を支える基盤です。

それが欠けると、たとえば教団を離れるときに勇気が出なくなります。自信がないため、ほかのところに行くのが怖くなるのです。

自分の価値観が揺らぐのが怖いからといって、異なる価値観から学ぶことを避けたり、それまであたりまえだと思ってきた前提を疑うことを拒否したりもします。

それでは、自分の頭で考えることはできません。

では、どうしたらいいか。

## まずは、自分にやさしくすることから、はじめよう

**大切なのは、「わたしには、ただ存在するだけで価値があるんだ」「わたしには、『君にただいてほしい』と思ってくれる人がいるんだ」と信じられるようになることです。**

それに資する取り組みを、ここで紹介します。

まずポイントになるのが、「自分にやさしくする」ことです。

あなたは、自分を犠牲にすることが癖になっていませんか？

ふだんからまわりに合わせて行動して、不本意さを押し殺したり、自分さえ我慢すれば穏便にことが進むんだと思って耐えたり……。

それで、そんな自分をあとで嫌悪するのです。「なんでわたしは、いつもこうなんだろう」って。

「親を悲しませたくないから」といって、教団の教えを信じたフリをする宗教2世のふ

るまいも、その一例といえるかもしれません。

ぼくも、かつてはこういった思考の負のループに迷いこみました。

くわえて、うつ病がひどくてほとんど寝たきりだったときには、つぎのようなことを、何千回、何万回とくり返し考えました。


「俺は社会人としてなんの生産性もないクズだ」

「人に迷惑ばかりかけて……消えたい」

「（極寒の部屋のなかにいて）このまま凍死できないかな」

「俺は『穀《ごく》つぶし』だ。貴重な食べ物を俺が食べるくらいなら、めぐまれない人に食料を渡して、俺は死んだほうがマシだ。世のためだ」


なにごとにも気力が湧いてこず、当時はほんとうに、なにもすることができませんでした。そのため、こうした発想になってしまうのです。

追いこまれたぼくは、自殺未遂を2回しました。精神病棟にも入院しました。

あのころはまさに、どん底。

でも、まずはみずから希望をつくることに着手したのです。

最初に行ったのは、小さなことでもいいから、自分をほめるということでした。

できないと思っていたことが、できた。それを発見しただけで、喜びをかみしめました。

「今朝《けさ》、ひさしぶりに鏡の前に立つことができた。よくやったね、俺」

「きょうは、歯を磨くことができた。すごいじゃん」

「きょうは、超ひさびさにヒゲを剃《そ》ることができた。俺ってこんな顔になってたんだ。思ったよりは悪くない表情してるよ、俺」

「きょうは、読書が1ページできた。大好きな読書なのに、ずっとできなかった。けど、ようやく文字が読めた。一歩進めたね、俺」

これは極端な例ですし、読者のみなさんとは、自信のなさの度合いや質が違うかもしれません。

**しかし、いままさに自信がないと感じているみなさんも、ぜひ自分をほめて、いたわって、自分にやさしくしてください。**

Apple創業者の一人であるスティーブ・ジョブズが、毎朝、鏡に映る自分にむかって〝もしきょうが人生最後の日だとしても、いまからやろうとしていることをするだろうか?〟と問いかけたように（『すぐに真似できる 天才たちの習慣100』〈KADOKAWA〉より）、毎朝、鏡に映っている自分にむかって、「大丈夫、大丈夫だよ」と声をかけるだけでも、かまいません。

あるいは、「約束をちゃんと守れた。偉いぞ、わたし」とか「きょうは商談をうまく進められた。よくやったね、わたし」とほめてもいいでしょう。

**大人は、子どもがなにかできたときに、すかさずほめ言葉をかけます。**

**それとおなじことを、自分にもしてみる。**

**こうして積みかさなっていく小さな自信は、やがて「本物の自信」に転化します。**

哲学者シャルル・ペパンは『幸せな自信の育て方』（ダイヤモンド社）のなかで、本物の自信がつくことについて「私はこれを自信の飛躍と呼ぶ。私たちがとる行動はすべて、この飛躍につながる無数の道であり、この大きな変化を可能にする機会だといえる」とのべています。

まさに、小さな自信を積みかさねていくことが、本物の自信になるのです。

## あるがままの自分を受けいれてくれる相手と語らう

つぎにチャレンジしてほしいのが、あるがままのあなたを受けいれてくれる信頼できる人に、いまのあなたの気持ちを率直に語ることです。

人は、他人から認められたときに自信を深めます。

また、人は相手とつながりができたときにも、自信を深めます。「一人じゃない」という感覚が、自己を肯定するからです。

ただ、「率直に語る」となると、それは他者とともにする取り組みなので、予想外のことも起こり得ます。

承認どころか、落ち込む原因がそこで生まれたりもします。相手から傷つけられることも、あるかもしれません。

でも、ここでは少し勇気を出して、他者にあたってみてください。

その勇気が、やがて異なる価値観への跳躍や、信仰世界からの離陸などに必要な「勇気」の芽になっていきます。

もちろん、相手は選んでください。「この人となら豊かなつながりができる」と思える人がいれば、その人に心を打ち明けましょう。

そして、相手に傾聴してもらうことで、そこに「安心」が生まれるなら、対話をつづけていきましょう。

つながりをつくるのに大切な要素とはなにか。

哲学者リチャード・ローティは『偶然性・アイロニー・連帯』（岩波書店）のなかで、連帯をつくるのにもっとも必要な観点を教えてくれています。

以前、アーレントの議論を紹介した際に、同質化が進んだ組織では、メンバー同士が「お互い、目指しているものは一緒だよね」といって共通項をたしかめ合う、という話をしました。

ともすると人は、「同志だよね」「目標は一緒だよね」「おなじ所属だからね」といったことで連帯しようとします。それは、ある意味〝連帯あるある〟で、たとえば共産主義者は共産主義を信じている点で団結するのです。

ですが、ローティはそういった連帯と一線を画す「つながり」の要素を提示しました。

それは、「あなたも苦しんでいるのですか」（この訳は、東浩紀氏の『弱いつながり』〈幻冬舎〉から借りました）という、想像力にもとづいた問いかけです。

ぼくなりの言葉でローティのこの考えを拡張すると、人は、お互いが相手の苦しみを想像しながら、おなじように膝を折り、おなじような高さに目線を合わせ、ポンと肩をたたきながら問うという態度によって、豊かなつながりを創出する、ということになります。

そこにアドバイスは要りません。気休めも要りません。納得や合意すら、真摯《しんし》な問いかけの前では陳腐《ちんぷ》です。

大事なのは、回答ではなく問いです。

**「あなたも苦しんでいるのですか」という、しなやかでやさしい問いかけは、相手がたとえ共産主義者であろうが犯罪者であろうが敵であろうが、苦しんでいれば、つい手をさしのべてしまうというかたちで、つながりを生みます。**

**考えかたが違うからといって、それで排除されることもない。**

これが、「豊かなつながり」ではないでしょうか。

ただただ、「ああ、この人はわたしとおなじく苦しみ、また、苦しみをともにしてくれようとしているんだ」と感じさせてくれる相手と語らうとき、そこに、自信に結実する「つながり」が生まれるのです。

そしてその「つながり」そのものが、あなたの自信になります。

## 「自分がほんとうにしたいこと」をやってみよう

宗教2世のなかには、信仰的な理由で「したかったのに、できなかったこと」がある人がいます。また宗教2世にかぎらず、親の養育方針などが影響して、ほんとうは「したい」と思っていることをなかなかさせてもらえずに育ってきた人もいます。

幼少期や思春期に積みかさねられた体験が、じつはその人の自信を削《そ》ぐ要因になることがあります。

**いまからでも遅くはありません。自分の本音に耳を傾けて「わたしは、ほんとうはこれがしたい！」と思えるものに挑戦してみてください。**

ぼくの場合であれば、かつて創価学会が「邪宗《じゃしゅう》の寺」「邪宗の神社」とよんで否定していたために行けなかった神社仏閣に参拝し、そこを歩き、そこから見える景色を眺め、歴史に思いを馳《は》せるといったことにチャレンジしました。

はじめは、小さな挑戦でもかまいません。大胆なことができるなら、それでもいい。

とにかく、過去の〝束縛〟によって封印されていた「したい！」を解放してみる。

そして、一つひとつをみずからの決断で実行していく。

**自分の意のままに決断ができるということは、それだけ、いまあなたが自由にふるまえているという証拠になります。**

**あなたの決断の一歩一歩が、「自由を行使していいんだ」という「自由への信頼」になり、あなたの自信になります。**

くわえて、あなたの「したい！」に則って新しく挑戦したということ自体も、やはりあなたの自信につながります。

ただし、宗教2世のなかには、この自由の行使を苦手にしている人もいます。

教団組織の文化や教え由来の「〜すべきだ」「〜ねばならない」に、〝束縛〟されてきたからです。

いざ自由を前にすると、なにをしていいかがわからず、立ちすくんでしまう。

本音に従って「ほんとうにしたいこと」をするのが怖いという人もいます。

**思いきって「したい！」と思うことに挑戦できるようになるには、安心感が必要です。安心があってこそ、人は未知の世界に飛び出していけます。その安心とは、親密な大人による承認から生まれるものです。**

ですので、もし挑戦が怖いという人がいたら、まずは前節で紹介した取り組みを実践してみてください。

そこから「したい！」へのチャレンジの道が開けたら、著者として望外の喜びです。

## 人・本・旅を通じてさまざまな価値観にふれる

宗教の〝離陸〟から〝安定飛行〟へ、そして〝より自由に、より豊かに飛べる〟ような状態へ。

あなたの飛翔《ひしょう》を充実させるものがあります。

それが、人と出会い、本を読み、旅をすることです。

これは実業家・出口治明氏の受け売りで、彼はこれらを「人・本・旅」という表現でまとめています（『知的生産術』〈日本実業出版社〉）。

本章の冒頭でぼくは「自分の頭で考える」の具体的実践として、「前提を客観的に把握する」という方法を取り上げました。この前提は、ほとんど無意識化されているので、そう気づくことができません。

ですが、前提を映し出す〝鏡〟のようなものがあれば、状況は変わってきます。

すなわち、多様な価値観、多彩な考え、各人で異なる立場といった参照項を知っていれば、それらに照らして、それまであたりまえだと思っていた前提を浮き彫りにし、客観視することができるのです。

その参照項を自身のなかに蓄えるのに役立つのが、人・本・旅です。

できれば、たくさんの人、とくに自分と似た人ではなく、考えかたが異なる人と出会って、話してみてください。交流してみてください。そして、多種多様な本を読んでほしい。食わず嫌いはせず、いろいろなジャンルについて読書をかさねてみるのです。出口氏は本選びの参考として、新聞の書評欄に紹介されているものと古典にはハズレがないという見解をのべています。

そうして、最後に旅に出てみてください。現場に足を運んでみてほしい。五感で感じなければわからないことが、世のなかにはたくさんあります。それを、体感してほしい。

以前ぼくは、なんのために信仰をしているかがわからなくなったときに、富士山の五合目に行ったという話をしました。そこで満天の星を眺めたのです。

星を見るだけなら、家にいながらYouTubeで確認することもできます。

でも、それでは当時のぼくのように、悠久の歴史に思いを馳《は》せながら自分のちっぽけさを感じてクスッと笑ってしまう、ということは起こらないでしょう。

やはり、実際に旅をしなければわからないことがあります。

多くの旅を経験してきた出口氏は、旅によって「身をもって知る」を積みかさねていくと、物事の理解が深まるとのべています。

人・本・旅によって、あなたがより自由に、より豊かに飛べるようになることを、ぼくは願っています。信仰をたもったままか、そうでないかはべつとして――。

## 教団以外に自分の居場所をつくっていこう

最後に、みなさんにこれだけは伝えたいという言葉があります。

宗教2世のなかでも人によってビビッドな悩みとなる「自立」にかんする箴言《しんげん》です。

自立とはなにか？　どうすれば自立できるのか？

それにたいし、脳性まひの障害のある小児科医・熊谷晋一郎氏はインタビューのなかで、こう答えています。

「『自立』とは、依存しなくなることだと思われがちです。でも、そうではありません。「依存先を増やしていくこと」こそが、自立なのです。

自立というと、なにかに依存する態度を手放すというイメージを抱きがちですが、熊谷氏は「そうではない」といいます。

そもそも人間は、人や物などに依存せずに生きていくことはできません。とくに障害者である熊谷氏は、それを痛感してきました。

彼は当初、頼れる存在が親しかいませんでした。だから、「親を失ったらどうなるんだろう」という不安がつきまとっていました。

ところが、やがて一人暮らしをしてみると、「友だちや社会など、依存できる先を増やしていけば自分は生きていける。自立できるんだ」ということがわかってきたといいます。依存先が増えたことで、かえって自立的に行動できるようになったのです。

障害の有無にかぎらず、この話には、普遍性があるとぼくは思っています。

**宗教2世のみなさんにも、ぜひ依存先を増やしていってほしい。自分の居場所をたくさん見つけてほしい。**

そう、切に願います。

依存先には、さまざまなものがあげられるでしょう。家庭や職場がそうなる場合もあります。友だち関係、趣味のサークル、SNSのつながり、宗教2世の自助グループ、NPOやNGOの類いなどなど、その種別は数えあげればキリがありません。

**たくさんの足場をもってください。**

**そして、安心できる場所を、居場所をつくってください。**

しかも、できれば「ここ『こそ』がわたしの居場所だ」というのではなく——それは、そこが唯一無二で、そこにしか居場所がないという危うさがあります——、「ここ『なら』大丈夫」「ここ『なら』いつづけられる」というしなやかさをたたえた、複数の依存先をもってほしい。

それが、あなたの心に安らぎをもたらすでしょう。

## 悲しみを共有できる友をつくろう

熊谷氏はインタビューのなかで、こうも語っています。

「自立」と「依存」という言葉の関係によく似ていますが、「希望」の反対語は「絶望」ではないと思います。絶望を分かち合うことができた先に、希望があるんです。


あなたは、絶望を一人で抱えこんでいませんか？

絶望は孤独のなかで生まれます。孤独は、できれば避けてほしい。

そのためにも、悲しみや苦しみを共有できる友を、そして居場所を、依存先を見つけてください。

そうすれば、きっと、あなたは、宗教2世として、豊かなつぎの一歩を踏みだせます。

なんだか、本章はお願いばかりの文章になってしまいましたね。偉そうですみません。

ともあれ、「お互いさま」の精神で、それぞれが歩みの足音を響かせていけたらうれしいです。その足音で互いを勇気づけ合いながら進んでいけたら、ほんとうにうれしい。

最後に、読者のみなさんに哲学者ヴァルター・ベンヤミンの言葉（『ヴァルター・ベンヤミン著作集14』〈晶文社〉より）を贈ります。

夜のなかを歩みとおすときに助けになるものは橋でも翼でもなくて、友の足音だ、ということを、ぼくは身にしみて経験している。

# 4

# それでも、
# ぼくが創価学会を
# 退会しないわけ

本書をここまで読んできた読者のなかには、「あれ？　この著者、創価学会を脱会しているのかと思っていたけど、もしかして脱会しているわけではない？」と思われた人もいるかもしれません。

そのとおりです。

ぼくは、いまも現役の創価学会員です。

退会届は出していませんし、現状、退会するつもりもありません。

一方で、学会活動からは完全に離れています。地元組織の学会員がぼくに接触してくることも一切ありません。ぼくは、信仰実践の基本となる勤行《ごんぎょう》や唱題《しょうだい》もしていません。

## 無理に教団から退会する必要はない

なぜ退会をしないのか？　それには理由があります。

端的に申し上げると、「やめるメリットがなにもない」からです。

「え？　それだけ？」と思われましたでしょうか。

それだけ、というか、これはけっこう大きなポイントです。

もしもここでぼくが創価学会をやめれば、おそらく大きな波風が立つでしょう。ぼくの家族や親族は、見わたすかぎり学会員です。学会員だらけの家系で、学会関係の知人・友人のネットワークも、ぼくのなかで、いまだそれなりの比重を占めています。あまりにも学会のど真ん中で生まれ育ってきたため、現在もその人間関係には足場があるのです。

それなのに退会をしてしまえば、ぼくへの見かたが一部でさらに悪く変わってしまうかもしれない。あるいは、家族や親族が後ろ指をさされることになるかもしれない。

学会的ないいかたをすれば、いまのぼくは「退転状態」にあります（「退転」の意味については32ページでふれました）。

この退転状態と、学会を「退会」することの間には、相当な違いがあります。

もちろん、退転状態のぼくは、一部からは村八分《むらはちぶ》のような扱いを受け、学会内では腫れ物にさわるような接しかたをされたりもしました。

ぼくのことを「創価学会の危険因子だ」と見る人もいるくらいです。

この状況にあって、ぼくが「退会」まですると、その度合いが格段に高まります。

ぼくが退転の状態でとどまっているなら、それなりに多くの学会員が、ぼくの危険性について、「確証はない」と判断するかもしれません。

ですが、退会すると、「ああ、正木はほんとうに退転したんだ」と認識する学会員が出て、そういった人から攻撃を受けたり、「あそこの家は、とうとう脱会者を出した」といったレッテル貼りにあったりするなど、不利益を被る人が、ぼくだけでなく、ぼくの家族や親族、友人から出てこないともかぎりません。

だから、ぼくはやめないのです。

創価学会に所属したままであっても、自由にべつのなにかを信仰をすることはできます。信仰をしないということもできます。

そういった宗教2世の生きかたもあるのです。

## 宗教2世について発信するときに抱える葛藤《かっとう》

ぼくは、じつは「やめる／やめない」にはあまり関心がありません。そこで葛藤はしていないんです。むしろ、べつのところで葛藤を抱えています。

宗教2世にはさまざまな人がいます。置かれている境遇は、教団によっても、また家庭や個人によっても異なります。

たとえば創価学会2世だけを見まわしても、信仰に熱心な人もいれば、教団に所属しているだけの人もいる。信仰活動に消極的な人や、教義には関心があるけれど実践はしない人、組織は嫌いでも〝池田先生〟は好きだという人もいます。

現在のぼくは「教団に所属しているだけの人」にあたるでしょう。もちろん、なかには脱会した人もいる。

2022年からつづいている宗教2世の報道では、宗教2世の「被害」ばかりがクローズアップされる傾向にありますが、宗教2世のなかには、なんら被害を受けることなく、平穏に過ごしている人もたくさんいます。

一方で、やはり深刻な被害を受けている宗教2世もいる。

宗教2世というと、ともすると「カルト宗教の子だからかわいそう」とか、もの珍しげに見られる対象になっているとか、そういう扱いかたをされたりしますが、現実の宗教2世は、かくも多彩なのです。

それにもかかわらず、宗教2世の被害者に偏った報道ばかりがなされていくと、どうなるでしょうか。

個々それぞれで異なるはずの信仰者や教団が、「宗教」という言葉によってひとくくりにされ、ネガティブなイメージをまとってしまいます。

新宗教といっても、その実態はさまざまです。

それなのに、新宗教が十把一からげに「被害を生み出す存在」として社会に再認識されてしまうこともあります（念のために断りを入れておきますが、これは「創価学会がなんら問題のない団体である」ということを主張するものではありません）。

それは、看過《かんか》してはならない事態だとぼくは考えている。

しかも、その影響は思わぬところに出ます。

たとえば、それまで被害など意識したこともなかった宗教2世が、世間の偏見にさらされ、新たに被害を受けたり、生きづらさを抱えるようになったというケースが、少ないながらも発生しています。

そこに、ぼくは葛藤を抱くのです。

ぼく自身の「宗教2世にかんする語り」もまた、その流れを助長してしまう可能性をはらんでいるからです。

宗教2世の被害は看過したくはない。だから、そこにクローズアップして声をあげたい。

でも、そうすると、新たに生きづらさを抱く宗教2世が出てきてしまう。

ぼくも、そこに加担してしまうかもしれない――こうした葛藤があるのです。

## 「宗教2世」を豊かに語れる社会を

宗教2世のなかには、被害に苦しみ、人生を台なしにされたと感じ、苦衷《くちゅう》のなかで孤独を味わっている人も多くいます。ひもじい思いをした人もいる。虐待を受けた人もいる。トラウマやPTSD（心的外傷後ストレス障害）を抱えた人もいます。

ぼくの友人は、宗教2世としての経験を苦に、自死しました。

ぼく自身も死にかけたし、長らくうつ病も経験しました。

これが、現実です。

この状況は、絶対に看過してはなりません。


一方で、べつの良心的な教団に所属する友人は、2022年来の宗教2世問題の影響で、まわりから「あいつ、○○（教団名）の信者らしいよ」と後ろ指をさされるようになって、悩んでいると語っていました。

以前まで、そんなことはなかったのに……。

おなじきっかけから、宗教をネタに学校でイジメにあいはじめた子もいます。

これらは極端な例かもしれません。ですが、少なくとも新宗教のイメージはダウンしています。そこにイヤな思いを抱いている宗教2世もいます。

こういう側面をまったく無視して、宗教2世の被害を手放しで強調しつづけることは、ぼくの本意ではありません。

このことを勘案《かんあん》しながら、ぼくは悩んでいます。

悩んでいます。

が、やはりぼくとしては、結論的に「声をあげざるを得ない」と判断しました。

そう判断したし、いうからには声を大にしていおうとも思いました。

ぼくの葛藤の内容は、「被害を訴えることをやめろ」とか「訴えかたに配慮をしろ」といったことを主張するものではありません。

被害者は、遠慮なく被害を訴えていい。

『宗教2世』（太田出版）の編者・荻上チキ氏のつぎの指摘は、ぼくの問題意識とかさなるものです。ウェブ記事からの引用で少し長くなりますが、お読みいただけたら幸いです。

被害を受けた宗教2世が声を上げることで傷つく方は当然いるでしょう。特定の企業や省庁でハラスメントがあったことを告発したときに、声を上げた当事者に対して、「あなたのせいで評判が傷つく」という攻撃が行われることはこれまでも見てきました。しかし、宗教的虐待の被害者が声を上げることには二つの正当性があります。一つは、被害体験そのものを認めることや、言語化することは、それぞれの回復や健康のために、そして権利回復のためにも重要だということです。もう一つは「気づきを与えるための正当性」です。例えば、ハラスメントをした人に対して「あなたがやっていることはハラスメントです」と言うと、加害者側も「傷つき」はします。しかし、それは相手の痛みへの気づきを得るために不可欠です。また、被害を受けた宗教2世の発言を封じ込めてしまえば、教団は自らの改善の機会を失ってしまう。

教団という非常に大きな権威に対して個人が告発している、親に対して子どもが抵抗している（中略）問題はその告発などの妥当性であり、「傷つくかどうか」だけで止まっていい問題ではありません。

これを踏まえたうえで、ぼくは葛藤を抱えつつ、いえ、葛藤を抱えているからこそ、宗教2世にかんする「語り」をもっと豊かにしていければと考えています。

被害の当事者が被害をより的確に、縦横に表現できるようなきっかけとなる言葉を編んでいきたい。つむぎだす言葉の解像度を高めていきたい。

また実際の事情はもっと複雑なのに、「教団や親が加害者で、被害を受けた信者・元信者が被害者である」と見なされて議論されがちな状況を打破したい。

宗教2世の「被害」に偏りがちな今般の「宗教2世語り」によって、新たに生きづらさを抱く人が出てくる可能性も減らしたい。

ぼくは、そこに自身が寄与していければと願っています。


あなたは、おかしくなんかない！


宗教2世が自分らしさを押し殺すことなく本音で生きることは、ときに難しい。

そう感じた経験が、ぼくには無数にあります。

その一端をこの本にしるしてきましたし、そういった経験が処世術に結実しています。

しかし、宗教2世といっても十人十色です。なかには、「このノウハウはすぐには実践できないな……」と感じる人もいるでしょう。

たとえば、ぼくは本書で、自分から遠い人（教団外の人や教団の価値観にいい意味で染まっていない人）に話を聞いてもらうことや、思考停止にならないように、さまざまな本を読むことを推奨してきました。

ですが、宗教2世のなかには「教団外の人はサタンだ」と教わったり、教団の思想とはべつの価値観を伝える書籍に対するマイナスイメージをたたきこまれてきたために、そういった行為に抵抗感を抱く人もいます。

教団の文化や教祖・宗祖の教えなどに沿ったものとは違う行動を選択することが容易にできない人もいるのです。

そんな人たちは、決して焦らず、長いスパンで自身のこれからを見すえて、徐々に、ゆるやかに、しなやかに変化を期してほしい。そう願っています。

まず大切にしていただきたいのは、あなた自身です。

一歩一歩、丁寧に歩みを進めてください。

**その結果として、教団を退会することを選ぶのも、教団に残ることを選ぶのも自由です。本書は、どちらの選択がいいかをのべるものではありません。**

もちろん、創価学会との関係についてもおなじで、学会から離れることを「是である」と主張したいという意思は、ぼくにはありません。

ただぼくは、来しかたに違和感を抱いたり、苦しんでいる宗教2世の心が少しでも救われることを願っている。それだけなのです。

## 宗教のために人間があるわけではない

教団に適合できていない自分に悩んでいる宗教2世のみなさんへ――。

ぼくは、創価学会本部をやめたあとに、学会員から「正木は社会不適合者だ」と散々いわれてきました。

たしかに、教団内においては違和感をスルーすることができず、本音に従って生きた点で「不適合」ではあったのでしょう。だから長らく、自身の不適合さに苦悩しました。

でも、それは――雑ないいかたなのは百も承知ですが、あえていわせてください――「『創価学会（本部）』不適合者」というだけであって、「『社会』不適合者」では、かならずしもなかったのです。

一般社会に出て、水を得た魚のように自分の人生を生きられるようになった事実をかみしめたとき、ぼくはそのことに気づいて、自分の決断に自信をもつことができました。

「教団不適合者」であることは、なんら恥じることではありません。自信をもっていい。適合的でない自分に悩んできた宗教2世は、教団から、家族から、親から、さまざまに否定されてきたはずです。そのため、自己を肯定することがなかなかできなかったりします。自己否定が癖になっていたりします。それで、静かに、孤独のなかで涙を流している。だからぼくは、本書でかなりの紙幅を割いて、読者のみなさんが自信をもてるようになるメソッドを提示しました。


優先すべきは、あなたを泣かせている教団ですか？

優先すべきは、人をないがしろにする教えですか？

否、否、それは違います。

**優先されるべきは、「人間」です。**

**「あなた」です。**

**「宗教」ではありません。**

**宗教のために人間があるのではなく、人間のために宗教があるのです！**

宗教が人間を手段にして、あなたに自己犠牲を強いるのだとしたら、それは、本書で多くふれてきたナチス・ドイツに歩み寄る行為にもなります。

おかしいのは、宗教のほうです。

そのおかしさに違和感を抱くのなら、それは、いたって正常なことなのです。

**あなたは自信をもっていい。**

そこに、本書が貢献できたとしたら、著者として望外の喜びです。

# 5

## 対談

## ジャーナリスト
## 江川紹子さん

# 宗教が
# 変わるだけでは、
# 宗教2世問題は
# 解決しない


**江川紹子**　えがわ・しょうこ

ジャーナリスト。
神奈川大学国際日本学部特任教授。
新宗教、災害、冤罪《えんざい》のほか、
若者の悩みや生きかたの問題に取り組む。
1995年、一連のオウム真理教報道で
菊池寛賞を受賞。著書は
『魂の虜囚　オウム事件はなぜ起きたか』
『「オウム真理教」裁判傍聴記』
『「カルト」はすぐ隣に』など多数。

## オウム真理教事件で直面した2世問題

**――江川さんはジャーナリストとして、オウム真理教をはじめ新宗教やカルトの問題に取り組んでいます。そんな江川さんに宗教2世について話を伺います。最初にお断りをしておくと、このインタビューに、江川さんが取材をしてきたオウム真理教と、ぼくが長く活動してきた創価学会を、カルト教団として同列に論じる意図はありません。**

**江川**　わたしも、創価学会をオウム真理教のようなカルトだとは思っていません。むしろわたしは、それぞれの教団をカルトか否かという判断するのは、意味がないと思っています。どんな組織であれ、カルト性、つまりカルトの性質を帯びることはあるからです。

カルトには、「反社会的行為をする」とか「人権を侵害する」「閉鎖的なコミュニティをつくる」といった性質がありがちです。テクニカルな話でいえば、「恐怖心で人を縛《しば》る」「教団名を伏せて勧誘する」といったことも多い。ですから、私はカルトかカルトでないかではではなく、そのような性質が多いか少ないか、カルト性が高いか低いかという比較級の考えかたで、それぞれの宗教団体について考えるようにしています。

伝統的宗教とされているカトリック教会にだって、カルト性を帯びた一面はあるわけですから。

**――カトリック教会の場合は、聖職者による子どもの性暴力が問題になりました。**

**江川**　少なからぬ聖職者が宗教的な上下関係を利用し、地獄の怖さで脅して子どもに性虐待をしていました。しかも、組織的な隠蔽《いんぺい》もあった。これはまさにカルト性があらわになったとしかいいようがありません。

ただ、カトリック教会がいわゆる「カルト教団」と違うのは、問題が発覚したとき、各地でカトリック教徒たちがデモ行進をして、「ローマ教皇の対応は生ぬるい」と批判し、退位までもとめたことです。かなり高位の聖職者の退位も要求していました。自分たちの宗教のなかにあるカルト性を、信者がみずから刈りとろうとした。組織トップの退陣を迫るなんて、オウムのような集団では考えられません。

性虐待という面でカトリック教会には「カルト性があった」と思いますが、その後の自浄作用を見れば「全体としてカルト性は極めて低い」と判断することができます。このように、宗教は多角的に見ていったほうがいいと思います。

カルト性という切り口で見るなら、創価学会にもカルト性はあるでしょう。創価学会のなかにも個々別々、いろいろな問題があることはわたしも聞いています。

ですが、組織全体としてのカルト性の高さはそれほどでもない気がします。

**――江川さんは創価学会2世など、宗教2世とも交流をもっているのでしょうか。**

**江川**　エホバの証人やオウム真理教の宗教2世とはお会いしたことがありますが、そんなに多くはありません。

わたしには大きな反省があるんです。オウム事件が起きたとき、わたしは宗教1世、とくに事件を起こした信者たちが、なぜオウム真理教に傾倒したのかという取材をかさねていました。その一方で、オウム2世の問題には、十分に取り組めていなかったのです。

当時、オウム2世の子たちは教団施設に監禁され、事件発覚後は警察の力を借りて児童相談所に保護されました。やがて、祖父母のもとに戻されたり、親に引き渡されたりしました。今考えれば、そうした子どもたちがどのように生活し、社会に溶けこめているかどうかを見ていくことも必要でしたが、当時のわたしにはそういう発想が欠けていました。

だから、オウム2世に会ったときには謝罪しました。「あなたたちの苦しみを全然受け止められず、申し訳なかった」と。

親が教団に全財産をお布施していますから、社会と隔絶した教団施設から出たときは一文なしです。しかも地下鉄サリン事件後は、社会全体がオウム真理教に大バッシングをしていました。親戚の目も冷たい。そんななかで、必死に生きる道を切り開いてきた2世が、年とった親の面倒を見る年代になっている。困難な人生を歩むことになったのは、親の入信が原因という思いはぬぐえないでしょうから、これは大変ですよ。

## オウム元信者の後悔──違和感を封じこめずに生きろ

**──壮絶な状況ですね。そういった宗教2世をケアするには、なにがポイントになりますか。**

**江川**　あたりまえのような話ですが、必要なのは、普通に付き合いができる人間関係だと思います。ただ、これは教団内に「教団の『外』の人とはつき合うな」という文化があったり、社会の側にカルト的な集団に対する拒否反応が強かったりすると、そうした関係を結ぶのが難しくなります。

宗教2世であることがわかっても、「わたしはあなたの宗教には参加しないからね」ときっぱり断ったうえで、ほかの友だちとおなじように付き合ってくれる友人がまわりにいることが、とても大事だと思います。そうすれば、教団に疑問を感じたときには離脱するなど、自分自身の選択を広げることができるからです。

そういう関係をまったく持てずにいたり、教団の外に居場所がなかったりすれば、組織を抜けたらひとりぼっちになってしまうわけですから、怖くてやめられないでしょう。教団にとどまる以外の選択ができにくくなります。

それを考えると、教団の外に信頼できる人がいるような環境づくりは大切ではないでしょうか。

## ――江川さんは学校でカルトについて教えることの大切さも訴えられています。

**江川**　いわゆる「カルト教育」ですね。先ほどのべたカルト性の中身や、カルト性が高い集団と接触したときの対応方法などを教えるべきだと考えています。
カルト性というのは、なにも宗教にかぎった話ではありません。マルチ商法などもそうですし、政治的なカルトともいえる集団も存在します。そういうところからどうやって自分の身を守るのかを、きちんと教育の現場で教えていくべきだと思っています。

**――人の心が操作されやすいものである、ということも学生に伝えているとか。**

**江川**　大学の授業で教えています。人の心は案外もろいもので、いついかなるときも、おなじ心のモノサシを維持しておくのは難しい、と知っておくことが大事だと思うんです。

なので、宗教にかぎらず、戦争が人をどれだけ変えてしまうかなどについても考えます。たとえばベトナム戦争では、武器を持たない子どもや老人まで虐殺するような事件が起き、イラク戦争でも米兵が現地の人にひどいことをしたわけですが、そうした兵士たちも、平時に祖国では、まっとうな市民で、親からすれば「とてもいい子」であり、子どもにとっては「いい親」だったりするわけです。

なにも、もともと残酷な人がひどい事件を起こすとは限らない。場の雰囲気や支配関係など、いろんな状況が重なれば、人の心は簡単に誘導されたり操作されてしまう。そんな話を学生にしています。

**――オウム事件にも通じるところがありますね。江川さんの著作のなかには、オウム元信者が事件後の手記などで「後悔していること」として、つぎの2つをあ**

**げていることが印象的でした。**
**「違和感を封じてしまったこと」と「自分の頭で考えなかったこと」。これら2つは、自分の心を操作されないという視点でも大事だと感じました。**
**宗教2世がサバイブしていくうえでも、この2つはとても重要です。**

**江川**　教団のなかにいると、教祖がいうことや教団がいうことが絶対に正しくて、深遠なものであり、仮に信者が違和感を抱いたとしても、それは「自分が至らないから」「勉強不足だから」「信心が足りてないから」と自分を責めてしまいがちですよね。そうやって、自分で違和感や疑問を封じてしまうわけです。

オウム事件で無期懲役刑に服している受刑者に「学生に伝えたいことを書いてください」とお願いしたら、やはり「違和感を大事に」というメッセージを戻してきました。長く信仰をしていると、「なにか違うな」「変だな」「イヤだな」と思う瞬間だって経験しているんです。その違和感を大事にすればよかった、と後悔しているんです。

ただし、違和感を抱いたときに教団のなかの人に相談するのはオススメしません。教団だってそういう対応には慣れていますから、信者の違和感はつぶされてしまいます。
だからこそ、そういうときは教団の外の人に相談することが大事になるんです。

**――信者のなかには選民思想のようなものをもって、外部の思想を忌避《きひ》したり見下したりする人もいます。宗教や信者によっては、外の世界に相談するのも難しいかもしれません。**

**江川**　そうですね。それでも、外の世界に普通に話ができる人がいれば、ふと話をしてみようという気もちが湧いてくることがあるかもしれない。そういう機会があるのとないのでは違うと思うんです。

**――社会に出て、いろいろな価値観と接することができれば、選民思想をもった人でも「自分の信仰が絶対とはかぎらない」と気づくかもしれませんね。**

**江川**　それには時間がかかるかもしれません。周囲とのズレや失敗をある程度、許容してくれるような人と出会えれば、宗教2世の置かれた状況も変わってくるんじゃないかと思うんです。

## 「自分の頭で考えること」でカルトにあらがう

**江川**　これは、オウム事件で服役していた元女性信者の話ですが、彼女が教団にいたとき、すべては教団幹部が決めていて、自分はいわれたことを実践するだけだったそうなんです。自分の頭で考えて行動していたわけではなかった。

その後、刑務所に入ったあとも、今度は彼女に命令する人が変わっただけで、やっぱり看守の指示に従って暮らしていた。

ところが、刑務所の外に出ると、自分でなにもかも決めなければならなくなる。自分で判断して実行に移したことには、自分が責任をとらなくてはならない。そういったことを、彼女は教団をやめて、はじめて体験したわけです。そんな彼女を支えてくれる人もいたようです。

そうして、さまざまな経験をかさねていくうちに、彼女にも失いたくないものができてきた。そのときに彼女ははじめて、肌で感じたというんです。

「ああ、わたしたち（オウム真理教）は、たくさんの人の『失いたくないもの』を壊してしまったんだ」と。

彼女は社会のなかで、少しずつ新しい価値観を育んでいきました。それには時間がかかります。ときには苦しい実践にもなります。失敗も挫折も経験します。

ただ、時間をかけていろんな経験をしたからこそ、彼女は再生することができた。

「時間がかかること」や「失敗」「挫折」が許容される社会や人間関係がないと、彼女のような人の居場所はなくなってしまいます。

**――宗教2世にとって、居場所は大切なテーマです。居場所を確保するには、社会の側も、宗教2世を迎えいれる懐の広さがなければなりません。**

**江川**　わたしは、社会のなかにもいろんなカルト性が存在すると思っています。とくに、現代社会はカルト化が急速に進んでいると思います。「お前は敵か味方か」といった二元論的な発想が強まっていますし、自分が信じているものが100%正しくて、ほかは間違っていると相手を敵視するような、極端な態度をとる人もいる。

そういった社会のカルト化にあらがうには、自分のことをある程度、客観視してみて、そのうえで「自分の頭で考えること」も大事ですよね。

——

**自分が極端な発想に陥っていないかと点検をする意味でも、自分の頭で考えることが大切ですよね。**

**また、社会のなかにもカルト性があるとのお話でしたが、社会の側も、自分たちの価値観に宗教を〝同化〟させようとするばかりではなく、互いにみずからのカルト性を自覚しつつ、考えをつき合わせながら調整して、「ちょうどいい落としどころを探そうよ」というスタンスで向き合うことも、大切だと感じました。**

**大事な視点を教えてくださり、ありがとうございました。**

# 謝辞

本書に、誤りや手抜かりはなかったでしょうか。

この本の制作には、たくさんの方々の協力がありました。ここでお礼を申し上げて擱筆《かくひつ》します。


創価学会的にいえば、親不孝といわれても仕方がないぼくを、一時のぶつかり合いを乗り越えて温かく包み込んでくれている父と母、そして兄弟、家族、親族。ときにあさっての方向に進みかけるぼくの生きかたを軌道修正してくれた先輩・友人たち。励ましを送りつづけてくれた、創価学会に縁のある方々。そのほか、宗教2世の当事者のみなさま。ぼくに生きかたの基礎を教え、書き手として、また仏教思想のよき語り仲間として、かつても、現在も心のなかで伴走しつづけてくれているアクティビストの先輩（故人）。ありがとうございました。

思想的な影響を受けたという意味でいえば、新たな指針をぼくに提供してくれた哲学者ハンナ・アーレントにも助けられました。

対談を通して本書にすぐれた知見を盛り込んでくださったジャーナリストの江川紹子さん。素敵な装丁に仕上げてくださったデザイナーの寄藤文平さん。やわらかな挿絵を描いてくださったイラストレーターの須山奈津希さん。編集者としてぼくに寄り添い、いつも自信をもたせてくださったダイヤモンド社の日野なおみさん。

ほんとうに、ありがとうございました。

この気持ちを糧に、これからより一層、いまこの瞬間を丁寧に生きながら、だれかの心に希望の灯をともしていきます。

2023年4月

正木伸城

### 全国霊感商法対策弁護士連絡会

電話　070-8975-3553（火曜）、070-8993-6734（木曜）
サイト　https://www.stopreikan.com/

### 全国統一教会被害者家族の会

電話　080-5079-5808（水曜）、080-5059-5808（金曜）
サイト　http://e-kazoku.sakura.ne.jp/

### 日本弁護士連合会

電話　03-3580-9841
サイト　https://www.nichibenren.or.jp/

### 法務省・子どもの人権110番

電話　0120-007-110
サイト　https://www.moj.go.jp/JINKEN/jinken112.html

### 消費者ホットライン（消費者庁・国民生活センター）

電話　188
サイト　https://www.kokusen.go.jp/

### 厚生労働省・児童相談所虐待対応ダイヤル

電話　189
サイト　https://www.mhlw.go.jp/stf/seisakunitsuite/bunya/kodomo/kodomo_kosodate/dial_189.html

# 宗教２世の相談窓口

本書では、宗教２世のみなさんがいきづまりを感じたときに
役立つサバイバル術を紹介してきました。そのうえで、
これまで宗教２世の悩みに、専門的に応えてきた方々も多くいます。
そういった人に助けをもとめるのも大切な一手です。
窓口をいくつか紹介しますので、参考にしてみてください。

宗教に関連した相談支援窓口

### 日本脱カルト協会（JSCPR）

メール　info@jscpr.org
サイト　http://www.jscpr.org/aboutjscpr/inquiry

### カルト被害を考える会

電話　086-231-2885
サイト　https://www.asahi-net.or.jp/~am6k-kzhr/

### 一般社団法人宗教2世支援センター陽だまり

電話　050-3046-6745
サイト　https://nisei-hidamari.org/

### 宗教もしもし相談室（新日本宗教団体連合会）

電話　03-3466-9900
サイト　http://www.shinshuren.or.jp/

### 仏教テレフォン相談
### （一般社団法人仏教情報センター）

電話　03-3811-7470
サイト　https://bukkyo-joho.com/

# 引用・参考文献


**第2部　第1章**

・『心的外傷と回復〈増補版〉』ジュディス・ハーマン著、中井久夫訳、みすず書房、1999年
・『奴隷の哲学者エピクテトス　人生の授業』荻野弘之ほか著、ダイヤモンド社、2019年
・『人間コミュニケーションの語用論』ポール・ワツラヴィックほか著、尾川丈一訳、二瓶社、2007年

**第2部　第2章**

・『〈新版〉全体主義の起原』全3巻、ハンナ・アーレント著、大久保和郎ほか訳、みすず書房、2017年
・『〈新版〉エルサレムのアイヒマン』ハンナ・アーレント著、大久保和郎訳、みすず書房、2017年
・『GIVE & TAKE』アダム・グラント著、楠木建監訳、三笠書房、2014年

**第2部　第3章**

・『死ぬ瞬間の5つの後悔』ブロニー・ウェア著、仁木めぐみ訳、新潮社、2012年

**第2部　第4章**

・『「神様」のいる家で育ちました』菊池真理子著、文藝春秋、2022年
・『ニーチェ全集〈3〉哲学者の書』渡辺二郎訳、筑摩書房、1994年
・『コミュニケイション的行為の理論』上・中・下巻、ユルゲン・ハーバーマス著、河上倫逸ほか訳、未來社、1985・86・87年

**第2部　第5章**

・『宗教2世』荻上チキ編、太田出版、２０２２年
・『モンテ・クリスト伯』全7巻、アレクサンドル・デュマ著、山内義雄訳、岩波書店、１９５６～57年
・『生きがいについて』神谷美恵子著、みすず書房、２００４年
・『人間の条件』ハンナ・アーレント著、志水速雄訳、筑摩書房、１９９４年
・『恐れのない組織』エイミー・C・エドモンドソン著、野津智子訳、英治出版、２０２１年

**第3部**

・『すぐに真似できる　天才たちの習慣１００』教養総研著、ＫＡＤＯＫＡＷＡ、２０１９年
・『幸せな自信の育て方』シャルル・ペパン著、児島修訳、ダイヤモンド社、２０２２年
・『偶然性・アイロニー・連帯』リチャード・ローティ著、齋藤純一ほか訳、岩波書店、２０００年
・『弱いつながり』東浩紀著、幻冬舎、２０１６年
・『知的生産術』出口治明著、日本実業出版社、２０１９年
・熊谷晋一郎氏の引用は左のＵＲＬから
https://www.univcoop.or.jp/parents/kyosai/parents_guide01.html
https://www.tokyo-jinken.or.jp/site/tokyojinken/tj-56-interview.html
・『ヴァルター・ベンヤミン著作集〈14〉書簡Ｉ』野村修編集解説、晶文社、１９７５年

**第4部**

・荻上チキ氏の引用は下のＵＲＬから　https://dot.asahi.com/dot/2023020800021.html

**正木 伸城** まさき・のぶしろ

文筆家、マーケター、フリーランス広報

数多くのメディアで発信をしながら、大手・中小企業などの事業支援を行う。
創価中学校、創価高等学校、創価大学工学部卒。2004年に創価学会本部職員となり、
同会機関紙・聖教新聞の記者に。その後、2017年に一般企業に転職、
IT企業2社、人材ビジネス大手でマーケティングや広報を担当。
2021年に独立し、現職。無類の読書好きで、読了歴は1万5000冊超。
1981年東京都生まれ。本書が初の著書。

宗教2世サバイバルガイド
——ぼくたちが自分の人生を生きるためにできること

2023年6月27日　第1刷発行

著者　正木 伸城

発行所　ダイヤモンド社
〒150-8409　東京都渋谷区神宮前6-12-17
https://www.diamond.co.jp/
電話　03-5778-7233（編集）　03-5778-7240（販売）

装丁・本文デザイン　寄藤 文平＋垣内 晴［文平銀座］
イラスト　須山 奈津希
DTP　河野 真次［SCARECROW］
校正　聚珍社
製作進行　ダイヤモンド・グラフィック社
印刷　堀内印刷所（本文）／加藤文明社（カバー）
製本　ブックアート
編集担当　日野 なおみ


ISBN 978-4-478-11794-1